AL LECTOR

Con el volumen LA NUEVA MUJER EN LA ESCRITURA DE LAS AUTORAS HISPÁNICAS creemos cumplir con otro de los proyectos del ILCH. Los cuatro volúmenes anteriores dedicados a la Mujer en la Literatura Hispánica son: *Evaluación de la Literatura Femenina de Latinoamérica, Siglo XX*, 1984; los dos volúmenes de *Mujer y Sociedad en América, Vol. I*, 1985 y *Vol. II*, 1988, y el de *Literatura Femenina Contemporánea de España*, 1990. Son cinco volúmenes dedicados exclusivamente a la mujer en la literatura hispánica.

Cabe destacar que bajo la denominación *LA MUJER EN LA LITERATURA HISPÁNICA* se continuarán publicando estudios de investigación para cumplir, de esta manera, con otro de los capítulos de los objetivos del Instituto Literario y Cultural Hispánico: Literatura Femenina o Literatura escrita por mujeres.

Queremos agradecer a nuestros colegas, los Dres. Gabriela Mora, The State University of New Jersey, Rutgers y Alberto Julián Pérez, University of Michigan, quienes, con verdadero talento, nos ayudaron en la selección de los ensayos incluídos en este volumen.

Editoras

La nueva mujer en la escritura de autoras hispánicas

LA NUEVA MUJER EN LA ESCRITURA DE AUTORAS HISPÁNICAS

Ensayos críticos

Juana A. Arancibia - Yolanda Rosas
Editoras

VOLUMEN IV
Colección Estudios Hispánicos
Dirigida por Juana Alcira Arancibia

Instituto Literario y Cultural Hispánico

Colección Estudios Hispánicos
Dirigida por Juana Alcira Arancibia

Volumen I
RAÚL GONZÁLEZ TUÑÓN. CRONISTA, REBELDE Y MAGO

Volumen II
TEATRO ARGENTINO DURANTE EL PROCESO
(1976-1983)
Ensayos críticos - Entrevistas

Volumen III
RETRATO DE UN POETA: RUBÉN VELA

Volumen IV
LA NUEVA MUJER EN LA ESCRITURA
DE AUTORAS HISPÁNICAS
Ensayos críticos

Ilustración de portada:
El relevo de Atlas - Óleo (60 x 90 cm.) de Marcela del Río Reyes

© 1995 by Instituto Literario y Cultural Hispánico
Editorial Graffiti
Colonia 815, Of. 105 - Montevideo (11.100), Uruguay
Tel. 92 87 44
ISBN 9974-551-45-5
Alba de América, Revista Literaria
ISSN 0888-3181

ÍNDICE

Prólogo - María Rosa Lojo — 9
Introducción - Juana Arancibia & Yolanda Rosas — 15
La mujer hispanoamericana hacia el nuevo milenio - Gloria da Cunha-Giabbai — 27
Como agua para chocolate: **la nueva novela de mujeres en Latinoamérica** - Alberto Julián Pérez — 41
Márgenes de la transculturación en la narrativa de Rosario Ferré - Lucía Guerra Cunningham — 59
El baúl receptáculo de la vida subconsciente y vehículo de la emancipación femenina en *Testimonios sobre Mariana* - Patricia Rosas Lopátegui & James Casey Reed — 67
La mujer habitada **de Gioconda Belli: los otros dentro de sí, y la representación de la mujer nueva** - Gabriela Mora — 79
La voz no callada: el discurso del exilio en *De amor y de sombra* **de Isabel Allende** - Nancy M. Kason — 89
La mujer ante el espejo: autorretratos literarios de mujeres latinoamericanas - Erna Pfeiffer — 101
De *El cuarto de atrás* **a** *nubosidad variable*: **la conquista de la autoridad escrituraria en la obra de Carmen Martín Gaite** - Jacqueline Cruz — 125
Autorrepresentaciones de lo femenino en tres escritoras de la literatura latinoamericana - Marta Morello-Frosch — 143
La mujer en el teatro de Paloma Pedrero - Ana M. Fagundo — 155
La dictadura y la mujer: opresión y deshumanización en *Ganarse la muerte* **de Griselda Gambaro** - Silvia Lorente-Murphy — 169
Del objeto al sujeto mujer: *Penas sin importancia* **de Griselda Gambaro** - Magda Castellví deMoor — 179
El discurso lírico de la posmodernidad en dos poetas chilenas actuales - Juan Villegas — 197
Redefinición e inserción histórica-política de la mujer en el discurso lírico de Heddy Navarro - Lola Proaño-Gómez — 209

PRÓLOGO

María Rosa Lojo
C.O.N.I.C.E.T.

LENGUAJE DE LA TOTALIDAD, LENGUAJE DE LA MOVILIDAD

Si pensar no es obstinarse en la seguridad afirmativa, sino saber interrogar la realidad, entonces este libro redundará sin duda, para sus lectores, en un ejercicio productivo de pensamiento.

En efecto, al transitar estas páginas motivadoras, fueron muchas las preguntas que me hice sobre la «nueva imagen de la mujer» que enigmáticamente se anuncia desde su título. Se trata, en principio, de una imagen conformada, no desde los escritores varones, sino desde escritoras de hoy, mujeres y latinoamericanas. ¿Por qué es nueva? —cabría meditar— ¿Qué rasgos se inscriben en ella que no estuvieran ya inscriptos en otras imágenes de la literatura anterior? ¿En qué se distingue esta imagen de la —o las— imagen que forjaron los escritores y escritoras del pasado? ¿Será que los literatos varones de otras épocas crearon sólo dóciles estereotipos femeninos, exaltables o al menos tolerables cuando cumplían las normas de la moral o moralina de la sociedad patriarcal, y dignos de un maniqueo vituperio cuando las transgredían? Un rápido recorrido por obras mayores —empezando desde la Antígona de Sófocles, magnífica figura del heroísmo femenino— nos convencería pronto de lo contrario.

Cabe recordar, además, que los artistas —tanto varones como mujeres— han sido a menudo grandes rebeldes, voces de oposición contra un orden de cosas que mutilaba la creatividad humana y convertía a unos en opresores y a otros en oprimidos. A través de la desdichada Madame Bovary señala Flaubert la abrumadora falta de horizontes de la pequeñoburguesía de las provincias francesas y en particular la inexistencia de otras opciones para las mujeres; lo mismo hace Leopoldo Alas en *La Regenta*; quién no recordaría por otra parte, los personajes femeninos de Pérez Galdós, como la Benina, de *Misericordia* que, desde la marginación extrema en el último peldaño social, ejerce una elección libre y absoluta, y encarna, mucho mejor que las figuras próceres canonizadas por el poder institucional, la figura de la santidad.

Si bien es cierto que hay experiencias tanto como femeninas como masculinas, intransferibles en cuanto tales, es verdad, por otra parte, que la obra de arte trasciende, hasta donde ello es posible, las limitaciones de sexo y circunstancia para articular visiones integrales de la condición humana (y esto es lo que le confiere su más alto valor), aun cuando el autor o autora extraigan de su situación particular, sexual y social, una minuciosa riqueza de observaciones, percepciones y modos de ser en el mundo. En este sentido, muchos varones han sido capaces de crear imágenes femeninas complejas y convincentes, y lo mismo ocurre con las imágenes masculinas producidas por escritoras.

¿Dónde está entonces la novedad o el aporte? Diría que en *el mayor grado de conciencia que alcanzan las mujeres en cuanto a sus posibilidades de autorrepresentarse*, y en el *creciente cambio social* que va acompañando a esta percepción distinta que ellas tienen de sí mismas. La problemática de la autorrepresentación, del autorretrato, es acaso una de las más interesantes del presente texto (cfr. los trabajos de Marta Morello Frosch o de Erna Pfeiffer) y el hecho de que las mujeres escritoras se hallan cada vez más en condiciones de asumir la propia voz y de enunciar lo que los estereotipos sociales silencian o reprimen, resulta uno de los más auspiciosos signos de los tiempos. El peor esterotipo, no lo olvidemos, era el de la mujer escritora misma: la «literata», como señala con amarga ironía Leopoldo Alas: «aquel ente híbrido y abominable del que se hablaba en

Vetusta como de monstruos asquerosos y horribles»[1] o la «poetisa» declamatoria y cursi que escribía libros de poemas con títulos ridículos. O más grave aún, más incómodo, la desvergonzada que se atrevía a hablar, «virilmente» de sus amores. Por una razón o por otra, las escritoras nunca dejaban de ser apaleadas. Si se ajustaban a los cánones previsibles de lo «femenino» desde una óptica masculina —lo dulzón, hiperbólico, sentimental— no alcanzaban entidad estética, sus textos se consideraban productos de segundo o tercer orden. Si transgredían el molde establecido, cruzaban la línea de los malos modales y se exponían a un anatema vergonzoso: habían dejado de ser «señoras».[2]

La relevancia da la autoconciencia femenina como sujeto productor de una escritura concebida en libertad, no significa, desde luego, que ésta deba ser apreciada por sus meros contenidos, de un modo casi programático, o catequístico. De nada valdrían figuras «positivas» de mujeres independientes, liberadas de la vieja censura —y autocensura— en malos libros, pobres versiones de la ya *demodée* —y poco eficaz— «novela de ideas». No se trata, en modo alguno, de «propaganda feminista», de exhortaciones morales, sino de hallazgos éticos y estéticos. Otra inflexión de la mirada, otra inflexión de la escritura que descoloque modelos y cartabones, y que permita salir del «ghetto» de la llamada «literatura femenina» —subproducto, «segunda literatura» para un «segundo sexo».[3]

---

[1]. Leopoldo Alas (Clarín), *La Regenta*, (Madrid: Sarpe), 1984, pp. 107 y 108.
[2]. Cfr. María Rosa Lojo, «El lugar de la mujer en la literatura», *La Prensa*, 13 de marzo de 1994, donde me refiero a los prejuicios acerca de la literatura escrita por mujeres ejemplificados en una «causerie» de Man silla: «La odisea de una vocal».
[3]. Sonia Marta Mora Escalante, Flora Ovares Ramírez, Mar garita Rojas González, «El segundo sexo: la segunda literatura», *Evaluación de la li teratura femenina de Hispanoamérica, II Simposio Internacional de Lite ratura, Tomo I*, (Costa Rica: EDUCA, 1985), pp. 97-107.

Cabe recordar aquí, por otra parte, la cuestión de la *differance* que enlazó la escuela deconstructivista de Jacques Derrida con las tesis del feminismo. Las posiciones más extremas llevan a la negación del lenguaje constituido —en tanto testimonio del orden falologocéntrico—. Pero retornar, sin más, al roden no manifiesto de la energía pura, «que incesantemente difiere o posterga sus sustancialización» [4] podría tener consecuencias no deseadas. Detenerse en el magma del silencio primordial, en la *xóra* presemiótica, aferrarse a lo irracional y lo inconsciente como marca identificatoria de lo femenino, nos acerca demasiado a las relaciones peligrosas entre *mater* y *materia*, femineidad, irracionalidad y caos amorfo establecidas por la poco feminista Edad Media. [5] Por otra parte, la fascinación de lo indiferenciado como potencia de vida, la experiencia de lo poético como un *exceso* que precede al lenguaje y que no se agota en él, la certeza de un residuo irreductible y perpetuamente generador de sentido que se resiste a la palabra, es una problemática instalada en el corazón de la estética, y de la filosofía en general, que ha preocupado a creadores de los dos sexos. El deconstructivismo representa una toma de posición ante el lenguaje y el pensamiento occidentales post-platónicos —que no deja de incurrir también en hipóstasis metafísicas, aunque las niegue— pero no es exclusivamente una postura femenina ni feminista, y tiene mucho que ver con el viejo debate entre *érgon* y *enérgeia*, entre la vitalidad proteica, cambiando eternamente sus concreciones formales y el ente cristalizado e inmóvil.

Precisamente la cristalización es, a mi juicio, el gran enemigo de esa «nueva imagen de la mujer» (de esa nueva literatura de la mujer) sobre la que reflexionan las páginas siguientes. ¿Qué

---

[4]. Zulma Nelly Martínez: «La mujer, la creatividad y el eterno presente», ibídem, p. 43.
[5]. George Duby y Michelle Perrot (ed.), *Historia de las mujeres en Occidente, Vol. II: la Edad Media* (Madrid: Taurus, 1993).

es escribir como mujeres? ¿Qué es escribir para toda la humanidad, humanamente, de ser a ser, como quería Rilke, pero desde una inevitable especificidad femenina en mutua complementariedad como lo singular masculino? Sólo las mismas mujeres escritoras deberán ir contestando con sus obras esta pregunta en los próximos años, y sin recetas previas. Antes bien, acompañando (o adelantándose a) los cambios de una sociedad cuyos roles fijos están en constante proceso de transformación. Una sociedad que propone otros caminos a la interacción sexual, a la maternidad y a la paternidad, a las relaciones laborales, a las vocaciones posibles y permisibles para varones y mujeres.

Si una de las dicotomías emergentes de estos planteos parecería ser: acentuación de la diferencia/amplificación de la mirada, la propuesta no dicotómica (y por ende, propia, si se quiere, de un pensamiento femenino que ha sido caracterizado como integrador), sería apostar a la amplificación desde la diferencia, ser en esto tan «universales» como han pretendido serlo los varones —dueños hasta ahora del canon clásico y prestigioso de la literatura planetaria—. Angélica Gorodischer señala con lucidez la encrucijada: «con la sintaxis masculina nos traicionamos, y si inventamos un lenguaje de mujeres no hacemos más que ahondar diferencias, construir un ghetto y encerrarnos dentro, acatar un decreto de distanciamiento que ya es hora de olvidar.» [6]

Por eso el gran desafío está acaso en la búsqueda de un lenguaje de la totalidad, que no sea sólo de «mujeres», pero en el que las mujeres estén incluidas como sujetos activos y constructores, como cuerpos eróticos pero también como inteligencias operativas, como factores de continua modificación, social y escritural. Un lenguaje de la movilidad, consciente de lo abisal y

---

[6]. Angélica Gorodischer, «De cuerpos presentes», en *Mujeres y escritura* (Buenos Aires: Puro Cuento), 1989, pp. 17-18.

de lo inefable, pero asimismo de su propia aptitud para triunfar como palabra de lo real —palabra que dice verdaderamente algo a alguien acerca de alguna cosa—. Un lenguaje de la historia que instale a las mujeres en el lugar que les pertenece como la mitad de la especie, coautoras y no siervas, en esta larga aventura humana que espera de ellas otras imágenes irradiantes, otros mitos, para ser narrada en toda su extensión y profundidad.

María Rosa Lojo
Consejo Nacional de Investigaciones
Científicas y Técnicas — Argentina

INTRODUCCIÓN

Es muy extensa la bibliografía que trata de definir, describir o encontrar el lenguaje de la mujer. Esta búsqueda se enfoca desde diferentes puntos de vista: como ilustración de cómo el estilo discursivo y el estilo de comportamiento coinciden o no; cómo se presenta un conflicto entre la percepción del mundo externo y lo que se espera de la mujer; y la lucha interna por lograr coherencia. A esto hay que agregar una gran verdad: la mujer que escribe no tiene una tradición retórica propia para expresar las circunstancias inherentes a su condición de mujer. En las últimas décadas, se destaca el deseo de obtener un lenguaje que, de acuerdo a las feministas francesas (Cixous, Irigaray, entre otras), sea la voz subversiva y soberana que «refuses an œdipal, phallic fight to the death of the father, but expands toward others, spreads itself into multiplicity,» (Yaeger, 191). Por consiguiente, aunque sea necesario incurrir, como punto de referencia, a áreas delimitadas por el lenguaje «masculino», es posible inventar para la mujer un vocabulario de fuerza y de poder, una forma nueva de leer la experiencia femenina (Yeager, 192). De igual manera, el lenguaje de la mujer refleja la elección para proyectar su propia imagen y, por consiguiente, plasma ciertas características. Robin Tolman Lakoff dice al respecto:

> It is possible, [...], that some of the distinguishing characteristics are innate; given the present confusion of research, it is at least equally plausible that these traits are learned. We can hope, too, that once we recognize how choices of traits, resulting of course in the individual style, affect us intellectually and socially, we be better able to modify our style appropiately. (141)

Aprendido o innato, el lenguaje de la escritora conlleva los componentes lingüísticos (léxico, fonología y sintaxis) que permiten a los críticos estudiar sus obras ya sea desde el punto de vista de la tradición o desde la posición feminista. De esta manera, ha surgido un movimiento crítico que interroga las obras escritas por mujeres acercándose a los símbolos y a la ideología de la cultura en relación con el discurso femenino. Susan B. Brill afirma que el lenguaje puede usarse para invalidar el status quo y «to invalidate and undermine the dominant social discurse» (54). De igual manera, por medio de la subversión del paradigma poético dominante, las escritoras incursionan en la problemática de «la concepción hegemónica del arte» (Hartley, 1), y, a través de un cambio radical de significado (subversión sintáctica) pueden hacer posible nuevas vías de percepción. Estos estudios lingüísticos han influido la crítica feminista, la cual, al usar frases como «el estilo femenino» asume que, metafóricamente por lo menos, la mujer escritora usa imágenes y otros recursos que crean una iconografía literaria diferente a la de los escritores. Dejando de lado la polémica de si existe un discurso femenino o no, podemos afirmar que dentro del feminismo existe una corriente que busca mostrar cómo se ha guiado a la mujer y cómo el lenguaje ha llegado a contribuir a atrapar la voz femenina. Adrienne Rich dice al respecto:

> Una crítica radical de la literatura de impulso feminista deberá tomar la obra, ante todo, como una clave para vivir, para saber cómo hemos vivido hasta ahora, cómo se nos ha guiado a imaginar nuestro ser, cómo nuestra lengua nos ha atrapado a la vez que nos ha liberado, y cómo podemos empezar a ver, y por lo tanto a vivir de manera nueva. [1]

---

[1] Citado en «Crítica feminista: Apuntes sobre definiciones y problemas» de Gabriela Mora en **Theory and Practice of Feminist Literary Criticism** (3). Adrianne Rich considera que para criticar la obra escrita pro mujeres es necesario tomar en cuenta no sólo la imagen que ésta proyecta sino también las causas para que se hayan producido. De esta manera, su influencia en las feministas francesas es indiscutible.

Esta definición está ligada estrechamente al proceso de cambio de la sociedad actual ya que tanto el condicionamiento de la mujer como su propia aceptación de una imagen impuesta responden a la cultura que la rodea. En consecuencia, dice Magie Humm, la crítica feminista apunta hacia tres postulados básicos. Primero, la literatura y la crítica son ideológicas; segundo, existen estrategias de escritura relacionadas con el sexo; y tercero, aunque los críticos feministas acepten los dos primeros postulados, usan normas masculinas que excluyen o disminuyen la escritura femenina (6-8). Estas normas están relacionadas a un lenguaje que ha sido usado por la cultura patriarcal para crear y mantener valores culturales. Por lo tanto, si incursionamos en esta nueva forma de ver y de vivir que propone Rich y, cómo podemos ver de una manera nueva, encontraremos que la imagen de la mujer que proyecta la literatura hispánica contemporánea está impregnada de ideología articulada a través de sus símbolos. El lenguaje femenino, aunque determinado o condicionado por lo que nuestra cultura espera de la mujer ha dado como resultado un proceso de autovisualización que le permite mirarse, criticarse y analizarse para plasmar, desde su discurso, una imagen elaborada por ella misma; es decir, se escribe a sí misma en su escritura (Cixous, 170).

Históricamente, la imagen de la mujer en la literatura ha evolucionado significativamente. En el siglo XIX predominaba el «ángel del hogar» como ideal de mujer en la literatura y éste se veía apoyado con la aparición de revistas que instruían en detalle cómo ser y cómo actuar para lograrlo.[2] En el siglo XX,

---

[2] En «El ángel del hogar: The Cult of Domesticity in Nineteenth-Century Spain» en **Theory and Practice of Feminist Literary Criticism**, editado por Gabriela Mora y Karen Van Hooft, Bridget Aldaraca afirma que este ideal masculino era afianzado por revistas tales como *El correo de la moda, La moda elegante ilustrada* y *La Guirnalda*, las cuales instruían al mínimo detalle en cómo ser y actuar para alcanzar a ser el «ángel del hogar». (63)

o mejor dicho, hacia finales del mismo, encontramos una imagen que siente el mundo en su interior y cuyo lenguaje asume su lugar y su espacio propios. A través de la autodefinición, dicen Gilbet y Gubar (17), se pasará a una imagen de autoaserción que describa a la mujer de acuerdo a sus relaciones sociales y no en referencia a su ocupación física, ya sea ésta una gran mansión o un cuarto. Esto último no ha sido fácil, como se verá en algunos ejemplos que repasaremos, en la evolución de la imagen de la mujer en la literatura escrita por mujeres.

En las primeras obras de las escritoras que buscaban una autodefinición se proyecta una imagen de la mujer que plasman una visión de mundo donde las mujeres no tienen ninguna oportunidad. En la obra de Rosario Castellanos las mujeres quedan caracterizadas por el miedo. Tanto en la novela *Balún Canán* como en sus cuentos y aun en su poesía, la imagen de la mujer (de diferentes clases sociales, edades y razas) queda configurada sin una identidad. Aunque las mujeres se vean y proyecten por sus relaciones sociales, al autodefinirlas, Castellanos presenta el sufrimiento comunitario por el que atravesaba la mujer de su tiempo en referencia a su ocupación física, porque ambas van ligadas a su situación, lo cual trae consigo la proyección de una imagen negativa. En *Hasta no verte Jesús mío* de Elena Poniatowska, tenemos una nueva forma de autodefinición que, limitadamente, conduce a autoaserción. Decimos limitadamente porque en esta obra la protagonista «liberada» pertenece a la clase social más baja de la sociedad. Si bien es cierto que Jesusa elige su estilo de vida y las creencias que le convienen, también es cierto que tuvo que sufrir grandes penas y humillaciones. Por ejemplo: aprende a beber sólo para demostrarles a los hombres que ella es mejor que ellos y podría ganarles una apuesta «Cuando dije 'ya no bebo más' yo dejé de beber. Yo tengo una voluntad fuerte, la cual es mejor que la verdad» (224). Jesusa, para «lograr conciencia» y ser responsable de sus acciones tiene que recurrir a su mal temperamento y aprender a dominarlo.[3] Esta obra de Poniatowska plasma una imagen de la mujer que testimonia los cambios que pueden ocurrir en la vida de una mujer a pesar de su pobreza, su ignorancia y sus dudosos orígenes. Jesusa es una mujer en busca de su identidad que sobrepasa las barreras de clase.

Merce Rodoreda también presenta una imagen de la mujer que sufre las consecuencias de una ideología que le impide realizarse plenamente. Rodoreda en *La plaza del diamante*, identifica los problemas que hacen de la existencia de la mujer un potencial de destrucción. La protagonista pierde la poca identidad que le da su nombre, Natalia, al cambiarlo por Colometa (paloma). Durante su matrimonio, su marido la obliga a convivir con los nidos de las palomas. En su frustración, incapaz de lograr una comunicación, Natalia destroza los nidos y huevos de las palomas. Este acto de rebeldía inicia una secuela de pequeñas decisiones que le dan cierta independencia. Muerto su marido, resuelve casarse por segunda vez para lograr seguridad económica. Josefina Hess dice al respecto: «Rodoreda asume una posición feminista (definiendo feminista como toma de conciencia y el rol de la mujer dentro de la sociedad) para representar las experiencias de mujeres alienadas por una cultura androcéntrica» (289). Sin embargo, la imagen de la mujer que proyecta su novela deja mucho que desear ya que no se puede afirmar que Natalia haya logrado una identidad. Por su parte, Elena Garro en *Un hogar sólido* nos da un poco más de esperanza. Por medio del personaje de Catita, Garro salva a la mujer de los prejuicios que la someten en la sociedad mexicana de mediados del siglo XX. Esta niña representa, en esta pieza dramática donde el mundo de los muertos simboliza el mundo de los vivos, la esperanza ya

---

[3] Lucia fox-Lockert en su estudio **Women Novelists in Spain and Latin America** afirma que «in her evolution towards a trancendent reality Jesusa offers us the biography of a rebel, a non-conformist.»

que, si bien Gertrudis cuestiona su situación, sigue bajo la sombra de su marido y Eva, aunque represente «la pluralidad de ideas, de tiempos y de historias» tiene los ojos abiertos al mundo donde «se inventa lo que no existe y se viaja por la libertad de lo imaginario de una existencia plena» (Rosas-Lopátigue, 229-230).

Para Rosario Ferré los viejos textos y los antiguos modelos ya no funcionan. En el cuento «El regalo» las dos mujeres, o las dos niñas, desafían la autoridad y logran una identidad que trasciende «los parámetros desensualizados y desexualizados que un segmento de la sociedad puertorriqueña les había impuesto» (May Ann Gosser-Esquelin, 199). Ya no se trata de una autodefinición sino de la autoaserción de que hablan Gilbert y Gubar. En este cuento la narración gira alrededor de la amistad de dos alumnas de un colegio religioso que representa las ideas de la clase dominante (hacendados que se consideran a sí mismos blancos) y a la clase media puertorriqueña (comerciantes de piel trigueña). Estas niñas en el transcurso del cuento logran una identidad propia no sujeta a las reglas de la sociedad. Merceditas admira en Carlota su poder de narrar y contar la verdadera historia del pueblo y logra con su amistad desprenderse de la imagen modelo que representaba la Madre Artigas. Merceditas al final del cuento proyecta la imagen de una mujer que acepta y hace aceptar por otros que el placer de disfrutar una amistad no excluye otras relaciones (Gosser-Esquelin, 207).

En cuanto a la nueva imagen de la mujer en la poesía contemporánea, escritoras como María del Carmen Pallarés, Ana Rossetti, Amalia Iglesias, Lydia Vélez-Román, María Rosa Lojo, entre muchas otras, han plasmado en su obra no sólo la autoaserción sino también una autosuficiencia que permite a sus mujeres criticar, comentar y aun reírse de los cambios logrados por la mujer dentro de nuestra sociedad.

En este volumen hemos incluido catorce ensayos críticos donde los investigadores, a través de las obras estudiadas, presentan varias perspectivas de interpretación acerca de la mujer. Algunos ensayos ofrecen la evidencia de la preocupación de las escritoras por la construcción de un nuevo personaje femenino.

Gloria da Cunha-Giabbai en «La mujer hispanoamericana hacia el nuevo milenio» reflexiona sobre la aparición de una «mujer nueva» en este fin de siglo, a propósito de la novela de la escritora venezolana Ana Teresa Torres, *El exilio del tiempo* (1990). En esta novela se hace una «revisión de la historia del sexo femenino a partir de la vida de las mujeres de distintas generaciones de una misma familia, y de la clase social y política del país y del mundo occidental». Cunha-Giabbai considera que esta mujer nueva es capaz de explicar su pasado, de historiarlo, interpretando la realidad como «pensadora», actividad antes reservada a los hombres.

En «*Como agua para chocolate* : La Nueva Novela de mujeres en Latinoamérica», Alberto Julián Pérez discute sobre la representatividad que ha alcanzado actualmente la novelística de Allende, Mastretta y Esquivel, señalando la emergencia de un núcleo de mujeres narradoras de importancia continental y la autoconciencia de su condición femenina en la sociedad contemporánea.

Pérez estudia *Como agua para chocolate* dilucidando las relaciones de poder que se dan dentro del mundo novelesco en una trama compuesta por personajes femeninos protagónicos.

Lucía Guerra Cunningham, en «Márgenes de la transculturación en la narrativa de Rosario Ferré» estudia cómo la escritura efectúa una «actividad remodelizadora» de la transculturación. La crítica analiza la obra de la escritora feminista puertorriqueña, Rosario Ferré, quien examina el papel de la sexualidad de la mujer y sus efectos en la identidad de la misma, que en una sociedad patriarcal y colonizada, como es la puertorriqueña, puede contribuir a su liberación.

Patricia Rosas Lopátegui y James Casey Reed, en «El baúl receptáculo de la vida subconsciente y vehículo de la emancipación femenina en *Testimonio sobre Mariana*» estudian el tema del exilio en la novela de Elena Garro. Los críticos indican que la autora misma ha sufrido el ostracismo a lo largo de su vida «debido a la reacción tradicional que levantó su postura feminista de igualdad política y económica para ambos sexos y todas las clases sociales». La transformación de la identidad del personaje femenino queda simbolizada en el baúl donde lleva sus pertenencias que representa «la búsqueda por satisfacer y desarrollar el potencial humano, la vida profesional y el amor». Las esperanzas frustradas de Mariana se representan en los objetos del baúl, condenando Garro, de esta manera, la reducción de la mujer a objeto en la sociedad materialista y machista.

Gabriela Mora en *La mujer habitada* de Gioconda Belli: los otros dentro de sí, y la representación de la mujer nueva «estudia en esa novela»... la fragmentación del yo individual o sea del Otro dentro de sí» y la oposición hombre/mujer, buscando rasgos de semejanza y diferencia sexual, racial y de clase, para apoyar la lucha colectiva de liberación. El personaje protagonista, Lavinia lleva dentro de sí a Itza, mujer india, quien reflexiona sobre la lucha del pueblo nicaragüense a través de los siglos con la repetición de los mismos problemas.

Nancy Kason en «La voz no callada: el discurso del exilio en *De amor y de sombras* de Isabel Allende» estudia las características que tiene el exilio sobre el individuo y la transformación del exiliado e inmigrante con respecto a la experiencia vital de los personajes de la novela de Allende. Los personajes se debaten entre el amor a su país y las circunstancias políticas que quiebran su voluntad. El deseo de superación moral de los personajes, para crear una sociedad mejor, se estrella contra la represión gubernamental en una Hispanoamérica autoritaria y violenta. Lo característico de la voz de Allende es el inusual optimismo con que la autora enfoca esta temática del exilio.

Erna Pfeiffer, en «La mujer ante el espejo: autorretratos literarios de mujeres latinoamericanas» hace un estudio del papel de la autoimagen en la literatura de mujeres y el esfuerzo de las mismas por pasar del «yo» al «tú». Estudia un corpus contemporáneo amplio de escritoras hispanoamericanas, a partir de la novela *Ifigenia*, 1924, de Teresa de la Parra, determinando la influencia que tiene el narcisismo femenino en la literatura de mujeres, y el erotismo como parte de una nueva imagen de la mujer liberada de su papel social tradicional. Las autoras crean una literatura «del cuerpo» que ayuda a develar la nueva identidad de la mujer liberada.

En «De *El cuarto de atrás* a *Nubosidad variable*: la conquista de la autoridad escrituraria en la obra de Carmen Martín Gaite», Jaqueline Cruz estudia la evolución de la posición autoral de Gaite, desde una postura vacilante en los comienzos de su carrera hasta una «afirmación rotunda» en su producción reciente. Apoyándose en conceptos de Gilbert y Gubar, y de Showalter, Cruz demuestra las dificultades que vive Gaite para dejar aflorar un yo autoral que margina a la mujer, tomando en cuenta especialmente *El cuarto de atrás* en que «por primera vez en su universo ficticio la mujer accede plenamente a la narración». Autor/autoría/autoridad son términos que Cruz diferencia sutilmente para mostrar el papel que representan en la lucha de la mujer por acceder a su derecho de autora. En *Nubosidad variable*, 1992, Gaite llega finalmente a una plena reivindicación de lo femenino, elaborando un mensaje liberador para la mujer.

Marta Morello Frosch, en «Autorrepresentaciones de lo femenino en tres escritoras de la literatura latinoamericana» estudia el «locus» de la representación de sí misma en «Tú me quieres blanca» de Alfonsina Storni: *Juanamanuela, mucha mujer*, de Marta Mercader y *Río de las congojas* de Libertad Demitrópolus. En éstas las autoras proponen nuevas formas de subjetividad para la mujer; solicitan un intercambio entre iguales para la mujer y el hombre. Las dos novelas estudian la situación de la mujer durante la época de la República y la Colonización del Río de la Plata respectivamente, planteando las relaciones de poder y dominio entre la mujer y el hombre en dichas épocas.

Ana María Fagundo en «La mujer en el teatro de Paloma Pedrero» estudia la obra dramática de la joven escritora española, producto del cambio ocurrido en la literatura en España después de la muerte de Franco. Fagundo indica el papel destacado que tiene la mujer en el grupo de nuevos dramaturgos españoles. Pedrero «imita a la perfección» el habla de los jóvenes y se interesa por el metateatro y los efectos plásticos singulares en las escenas. Sus mujeres reflejan «los deseos, problemas, ilusiones y fracasos de una buena parte de las mujeres españolas de hoy en obras como *La llamada de Javier, Resguardo personal, El color de agosto, Noches de amor* y *Besos de lobo.*

En «La dictadura y la mujer: Opresión y deshumanización en *ganarse la muerte* de Griselda Gambaro» (1976), Silvia Lorente-Murphy estudia la época en que asume la dictadura militar del Proceso en Argentina. Murphy destaca la relación entre el poder y la violencia cotidiana en la novela, y el papel que le corresponde a la mujer en un sistema social injusto en que descuella el poder represivo del estado sobre los miembros más débiles: las mujeres y los niños. Murphy estructura la situación planteada por Gambaro con el discurso oficial de los gobiernos militares en Argentina, de tal forma que la polaridad opresor-oprimido resulta un evidente eje regulador en ambos discursos.

Magda Castellví de Moor, «Del objeto al sujeto mujer *Penas sin importancia* de Griselda Gambaro» señala que, a pesar de la falta de planteos femeninos en el teatro anterior de Griselda Gambaro, en *Penas sin importancia*, 1990, explora deliberadamente la temática de la mujer, abordando las relaciones de los géneros entre personajes femeninos y masculinos. La dramaturga recurre a la parodia y al teatro en el teatro y así logra establecer un paralelo entre los roles dramáticos que se representan en el teatro y los de la realidad social. Al mismo tiempo parodia el texto de Chejov, *Tío Vania*, centrando la acción en el personaje femenino, Rita.

Juan Villegas en «El discurso lírico de la posmodernidad en dos poetas chilenas actuales» estudia la obra de Carla Grandi y Cecilia Vicuña. Ambas poetas combinan diversos códigos de comunicación, especialmente el escrito y el visual. Grandi recurre a la intertextualidad imitando textos españoles medievales para hablar de problemas contemporáneos, y Vicuña une al texto la fotografía creando un medio mixto. A través de la diversidad poética las autoras muestran un proceso que culmina sin lograr una síntesis, dejando abierta la búsqueda.

Lola Proaño-Gómez en «Redefinición e inserción histórico-política de la mujer en el discurso lírico de Heddy Navarro», estudia la poesía de la poeta chilena, feminista y libertaria. Navarro crea una poesía militante feminista que hace uso subversivo del cuerpo de la mujer en relación con la sociedad patriarcal que la oprime. La escritura, para ella, es un arma de denuncia contra la marginación, y presenta una estrategia emancipadora, llevando la protesta al espacio histórico-político.

Con este estudio pretendemos sumarnos a otros ensayistas sobre este tema, en reconocimiento de las voces de las mujeres que tienen un lugar en la literatura hispánica.

Juana Arancibia - Yolanda Rosas

Obras citadas

Brill, Susan B. «The Radical Syntactical Formes of Language Poetry» en **South Central Review**, Vol. 7, Nº 2, Summer 1990, 54-65.
Castellanos, Rosario. **Balún Canán**. México: Letras mexicanas, 1957.
C. Clements/H. Cixous. **La jeune née**. Paris: Union Générale d'Editions, 1975.
Ferré, Rosario. «El regalo» **Maldito amor**. México: Joaquín Mortiz, 1986.

Garro, Elena. **Un hogar sólido**. 2da. edición. México: Universidad Vera cruzana, 1983.

Gilbert, Gubar. **The Madwoman in the Attic: The Woman Writer and the Nineteenth Century Literary Imagination**. New Haven: Yale Universi ty p, 1979.

Gosser-Esquelin, Mary Ann. «Textualidad y sensualidad compartidas en 'El regalo' de Rosario Ferré» en **Alba de América**, Ed. Juana Aranci bia, Vol. 11, Nrs. 20-21, 1993, 199-210.

Hartley, George. **Textual Politics and the Language Poets**. Blooming ton: Indiana P. 1989.

Hess, Josefina A. «La subjetividad femenina en Aloma, La calle de las Camelias y La plaza del diamante, de Mercé Redoreda.» **Alba de América**, Ed. Juana Arancibia, Vol. 11, Nrs. 20-21, 1993. 281-290.

Humm, Maggie. **Feminist Criticism. Women as Contemporary Critics**. Great Britain: The Harvester Press Limited, 1986.

Lackoff, Robin Tolmach. «Women's Language» en **Women's Language and Style**, Butturf, Douglas; Epstein, Edmundh, Eds. Akron: Lamas Bo oks, 1978.

Mora, Gabriela y Karen S. Van Hooft, editoras. **Theory and practice of Feminist Literary Criticism**. Michigan: Bilingual P/Editorial, 1989.

Poniatowska, Elena. **Hasta no verte, Jesús mío**. México: Ediciones Era, 1973.

Rich, Adrianne. On Lies, **Secrets and Silence**. London: Virago, 1980.

Rodoreda, Mercé. **La Plaza del Diamante**. Barcelona: Edhasa, 1984.

Rosas-Lopátegui, Patricia. «*Un hogar sólido*: pieza existencial para un pú blico mexicano.» **Alba de América**, Número especial dedicado al tea tro hispanoamericano actual. Eds. Rose S. Minc y Teresa Méndez Faith. Vol. 7, nrs. 13-14, 221-232.

Yeager, Patricia. «Toward a Female Sublime» en **Gender and Theory**, editado por Linda Kauffman. Great Britain: Basil Blackwell, 1989.

LA MUJER HISPANOAMERICANA HACIA EL NUEVO MILENIO

Gloria da Cunha-Giabbai
Morehouse College

En este fin de siglo, todo parece indicar que la construcción humana del nuevo milenio se ha de apoyar en los resultados de la convergencia de dos planteamientos principales. El uno, enclavado en el concepto del posmodernismo, escudriña el pasado para descubrir las causas del fracaso de la modernidad. El otro, atento a las tendencias del presente, trata de definir el concepto y alcance del término globalización.[1] Si bien aún no se puede describir las características de esa construcción, se ha hecho evidente que los elementos constitutivos de la misma son: multiculturalismo, revolución étnica y sexual, derechos humanos, comunicación mundial, movimientos ambientalistas, religiosos y nacionalistas. En el proceso actual de combinación y asentamiento de estos elementos, contradictorios algunos, en pugna todos, la actuación de la mujer ha adquirido innegable importancia. Por un lado, la mujer puede ser vista como la encarnación del fracaso de la modernidad patriarcal que la mantenía sometida. Por otro, puede representar el significado de globalización ya que la mujer lucha por reconquistar su propia identidad mientras que participa activamente en la creación de una justa sociedad internacional. Es decir, en este conflictivo fin de siglo se destaca claramente la imagen de una *mujer nueva*. Y las obras de literatura corroboran el acierto de estas afirmaciones. Un excelente ejemplo lo brinda *El exilio del tiempo* (1990) de la escritora venezolana Ana Teresa Torres, como lo veremos en este estudio.

---

1 En la bibliografía incluimos los estudios que hemos realizado y consultado sobre la ubicación de *El exilio del tiempo* en el concepto de posmodernismo y globalización.

En esta novela Torres realiza una revisión de la historia de la mujer a partir de la vida de las mujeres de distintas generaciones de una misma familia y de la social y política del país y del mundo occidental. Esta incursión en el pasado, según Torres, está motivada por «una necesidad de indagar por qué somos lo que somos» («*Amar*» 24).[2] El objetivo de esta tarea revisionista posmodernista de Torres, que se reitera en la de las narradoras de la novela, es contar la historia de la mujer desde su punto de vista que, como afirma la escritora, «no es *una aparte*, sino *una parte*,» de la oficial reservada para los hombres [Enfasis de la autora] (Conferencia 4). La importancia de esta actividad radica en que «el discurso de la mujer no consiste exclusivamente en aislarse dentro de la recreación de la interioridad para distanciarse del discurso del hombre, sino precisamente en reinsertar la voz de la mujer que narra la historia desde su punto de vista y, por lo tanto, la completa» (Conferencia 4). Paralelamente, esta misma actividad de *historiadora*, efectuada por Torres y las narradoras, es una característica esencial de la *mujer nueva*, capaz de *interpretar* el pasado, reflexionar acerca de los hechos pretéritos y presentar *conclusiones* originales. Más aún, al conquistar la voz de intérprete de la realidad, la mujer cumple una función hasta hace poco sólo ejercida por los hombres, la de *pensadora*.

El análisis de *El Exilio del tiempo* revela que el pasaje de la imagen tradicional de la mujer a la nueva se efectúa en tres etapas. Tal pasaje constituye el andamiaje en que se apoya el argumento. Sin embargo, cada faceta de la imagen tradicional, la mujer como ser débil, víctima, dependiente de la férrea voluntad del hombre, y enquistada en el orden social, es el trampolín del que se vale Torres para mostrar que las características positivas de la mujer actual siempre han estado presentes, a pesar de la intención patriarcal de anularlas. En la primera etapa, la mujer capta que su ser está conformado por un molde social estático:

... con la aproximación de las doce, hora del cambio que

---

[2] El original empleo de la historia por Torres lo hemos analizado extensamente en nuestro libro *Mujer e historia: La narrativa de Ana Teresa Torres* incluido en la bibliografía.

nos agarraba copa en mano dispuestos a brindar por el año venidero, año que cada cual esperaba le trajese lo esperado, año en que cada cual esperaba no morir, *año en el que esperábamos sucedieran las mismas cosas más o menos, que lo que éramos siguiéramos siendo y siendo como éramos, es decir, la esperanza del cambio era sobre todo la del no cambio* y no nos importaba nada esa contradicción porque todos los años pasados nos confirmaban que vivíamos sobre la contradicción, a pesar de ella y por encima de ella, así que por qué no una vez más. [Énfasis nuestro] (16)

Según la novela, esta mujer de ayer no sólo acepta su posición sino que, además, parece encontrarse a gusto en ella al no haber conocido otra o no haber pensado que la misma pudiera existir. Por consiguiente, su vida se orienta a la perpetuación del estatismo en todos los planos de la vida:

Todo esto era muy recurrente, permanente, negando siempre aquello que dijo el griego, «nadie se baña siempre en el mismo río,» porque nosotros teníamos años bañándonos en la misma bañera y secándonos con los mismos paños, mirándonos con los mismos ojos en los mismos espejos y poniéndonos la misma ropa que depositábamos en los mismos muebles donde estaban las mismas cosas y las mismas manos acariciándolos y limpiándoles el polvo y diciendo las mismas palabras que guardábamos en nuestras abuelas, para que pudieran transmitirnos por los siglos de los siglos aquello que siempre habíamos dicho en otras ocasiones y así repetirlo a las generaciones venideras cuando las circunstancias se asemejaran, y de esa manera, no sólo los objetos o los muebles o las obras de arte conservaban el espíritu de los tiempos, sino que los manteníamos vivos en la palabra... para que venga a decirnos un griego que los tiempos cambian y los ríos se mueven. (20)

El cumplimiento de esta tarea de perpetuación del estatismo social revela a la vez ciertos aspectos positivos de la imagen de la mujer. Estos son: el interés y dedicación, puestos en una función que la perjudica, y el desplegar entusiasmo y orgullo, aspectos que pueden predecir el éxito en futuras actuaciones independientes:

> Y ya al tomar asiento, o mejor dicho al tomar un mueble posesión de nosotros, nuestras vidas eran parte de la distribución de los muebles y eran organizadas de acuerdo a mejores patrones, de modo que cómo distinguir la vida de los muebles de la vida con mayúscula, cuando era necesario establecerse en ellos para vivir concertadamente, porque de lo contrario no corresponderíamos a ningún orden, seríamos meros habitantes solitarios, seres desraizados, sujetos errantes por la casa, apenas usuarios de la existencia, que a través de la disciplina de los muebles, daba un método a nuestras vidas... (21)

No obstante el papel secundario que se ha visto obligada a representar en esta primera etapa, la mujer se muestra capaz de juzgarlo insuficiente para el talento que posee. De aquí que lo halle monótono puesto que le impide desplegar un destino acorde con sus necesidades y deseos:

> Así las comparaciones y semejanzas, las similitudes y asociaciones nos servían para pensar que todo al fin y al cabo era lo mismo, no habiendo nada nuevo bajo el sol, y las circunstancias cambiantes eran sólo el reflejo del paso de los días pero de ninguna manera obedecían a movimientos sustanciales, no sucediéndose sino deslizamientos sutiles e inaudibles como las zapatillas de ballet de Olga girando en la soledad de su habitación. (32)

Este reconocimiento, precisamente, es el que actúa en la novela como el resorte que lanza a la mujer a la segunda etapa del pasaje hacia su imagen actual. Profundizando en la monotonía de vida dependiente, la mujer descubre que la misma le ha privado de su individualidad:

> ... cómo saber cuáles son nuestros pasos sobre la arena o las huellas ya trazadas sobre las que colocamos nuestros pasos, mansamente sin ruido, anónimamente entre generaciones de huellas sobre la arena, ... encontrarlos nos trae la pregunta ingenua de *si eso es estar vivo o si es nuevamente juguemos a que vivimos*, ... desde lo que cada uno sabe que es su vida, intentando trasladarnos de las cosas al centro de la historia. [Énfasis nuestro] (59)
>
> A veces temo equivocarme en los recuerdos de los demás y enturbiar su vida. Temo que todo sea a veces lo mismo y que haya una sola historia, repetida y monótona, con discretas variantes. Nuestra vida, tan coincidente y yuxtapuesta ¿no será el eco y los anuncios de las otras? (67)

Esta similaridad se debe a que la vida de las distintas narradoras choca contra el molde patriarcal que le da una forma preestablecida, impidiéndole salir del mismo y adquirir contornos propios. Malena, Clemencia, Mercedes, Graciela, Olga, Rita o la madre de Marisol son claros ejemplos de seres con destinos truncados, con las aspiraciones totalmente sofocadas. A Malena la muerte y la sociedad le privan del gozo del amor. Clemencia vaga por tierras lejanas siguiendo sin culpa un exilio político ajeno. Graciela no puede desarrollar su inclinación por la pintura, y Mercedes se ve reducida a las obligaciones hogareñas. Olga ve paralizados sus movimientos de bailarina y Rita nunca puede llegar a ser una cantante. Es decir, la mujer de ayer se da cuenta de que vive en un perpetuo *exilio* de su propio yo, habitando uno otorgado por la sociedad: «siempre me empeñé en destinos que no me tocaban y eso es algo muy importante que debes aprender y es a amar el destino que te toca.» (80) Sin embargo, las historias de estos personajes femeninos muestran que cada vez que el impacto contra la sociedad patriarcal desvía el destino elegido, las mujeres tienen *fortaleza* para recomenzar de nuevo. Por lo tanto, ellas no son seres derrotados sino poseedores de una *habilidad natural* para adaptarse a cambios impuestos.

Las mujeres de esta generación que comienza a reflexionar seriamente, Mercedes, Isabel o María Josefina, perciben claramente que su vida no les pertenece. De aquí que la sensación de vivir en el exilio de su propio yo, se agudice:

> Odio cómo toda mi vida se ha visto envuelta en problemas que no entiendo y de los que no participo, odio sentirme siempre anticipando un acontecimiento que no puedo prever, una decisión que proviene de un designio ignorado... .
> Odio este continuo aplazamiento cuyo término nunca es el esperado, como una obra de teatro absurda en la que todos los personajes se preparan para un desenlace que no llega y que siempre cambia, inevitablemente diferente al que habían ensayado. Odio a mamá cuando me dice, mi amor, no se puede decidir nada, es necesario ver cómo se desarrollan los acontecimientos que tu papá resuelva. Odio esa frase que vengo escuchando todos los días de mi vida porque creo que él tampoco decide nada,... . Odio ser yo también un perpetuo gesto inacabado. (117)

> ... todo me parece tan largo y tan oscuro como el pasillo, *como si estuviéramos metidos en un tubo del que no sabemos cuándo saldremos y sólo podemos esperar.* [Enfasis nuestro] (96)

Estas primeras y desorientadas rebeldías femeninas se materializan en los tres matrimonios de María Josefina opuestos a los deseos familiares, y sus posteriores viajes por Europa, o en la insistencia de Isabel en «dejar de ser lo que se es», aunque sólo como un juego:

> ... un día propuso que en vez de representar personajes conocidos, hiciéramos de lo que no éramos, que cada cual protagonizara lo que hubiera querido ser y que los demás adivinaran por la distancia que se creaba entre el personaje representado y el personaje por representar. (57)

Si bien estas manifestaciones de deseos de cambiar la imagen propia se desvanecen en ese momento, sin obtener resultados perecederos, sirven de punto de partida para las reflexiones de las mujeres de la siguiente generación, como la narradora sin nombre o Marisol. Las de la primera, descubre que las limitaciones que la sociedad impone a la mujer no son las únicas ataduras a romper. Ella también percibe que existen conflictos de índole racial, religioso y económico que contribuyen a sujetarlas firmemente a los patrones sociales establecidos. Este hallazgo se lleva a cabo cuando la narradora ingresa a la adolescencia, que supone la pérdida de la libertad infantil, puesto que el mundo de la mujer se compone de prohibiciones que brotan por doquier. Una de éstas es el clasismo religioso que prevalece por encima del valor humano de las personas:

> Porque, mi amor, aunque tú los veas blancos son blancos en efecto, pero no como nosotros, tú no te das cuenta porque estás muy chiquita pero nosotros creemos en Nuestro Señor Jesucristo Hijo de Dios, y en la Santa Iglesia Católica, Apostólica y Romana, la única verdadera y también universal. Porque aunque tú quisieras ser como ellos, nunca te aceptarían porque no eres de la misma raza, en cambio nosotros no, nosotros creemos que Dios es de todos y aunque sea el hombre más humilde, si cree en la vida eterna se puede salvar, ... en cambio ellos no, sólo los elegidos, el pueblo escogido, mal escogido pienso yo ... (147)

> Y nosotras las mujeres, fíjate tú la dignidad que envuelve

nuestra condición, y cómo en cada mujer que se casa y es fiel a su marido, se recrea la unión de Cristo con la Iglesia y en cada mujer que pare, se revive el milagro de la Concepción de María ... (148)

... si por decir un disparate, te llegaras a casar con Ismael, no podrías ir más a la iglesia a confesarte y a pedir perdón por tus pecados, todavía tienes pocos pero luego te irás dando cuenta de cuántos pueden cometerse y no podrás arrepentirte, como ellos no se arrepintieron de la muerte de Nuestro Señor ni podrás casarte en una iglesia tan bonita como María Josefina, ni el Obispo te bendeciría porque tú estás bautizada y él no, porque ellos mataron al Niño Jesús y no creyeron, como nosotros hemos creído, en el Dios Verdadero y no han tenido la suerte de pertenecer a la única religión verdadera. (149)

La falsedad del mundo del adulto que moldea a la mujer se agudiza cuando ésta padece los efectos de carencias económicas que restringen al máximo su desarrollo humano pleno, como se refleja en los siguientes diálogos:

¿por qué la viejita que viene a pedir limosna tiene siempre el mismo vestido negro? ... porque está de luto, mi amor. ... ¿Y por qué tía Elena que también está de luto tiene varios? ... porque le gusta usar varios y no uno solo. (153)

¿por qué la cocinera tiene tan poquito dinero? Porque la gente floja tiene poco dinero. ... pero ella trabaja. ... sólo faltaba que además de floja no trabajara. (154)

La niña le pregunta a la mamá, y por qué Benita trabaja si era más viejita que tú y tú no trabajas, ... porque yo soy tu mamá y tengo que ocuparme de la casa y ella necesita trabajar y además le gusta, porque si no se aburre. (156)

La novela presenta la adolescencia, época de cambios, como el momento clave en la transformación de la imagen de la mujer. Casi se podría afirmar que las tres etapas corresponden con las del desarrollo biológico del ser: infancia, juventud y madurez. Y es esta segunda la que decidirá el futuro. Recordemos que esta madre, que responde en las citas anteriores, es la misma Mercedes que cuando adolescente también cuestionaba incisivamente a su madre Clemencia durante el exilio en Francia (páginas 7 y 8). Sin embargo, al aceptar lentamente los metódicos dictados de la sociedad patriarcal, Mercedes no alcanza su madurez sino que se estanca y se convierte en otro mecánico portavoz de la misma. Este fracaso, explica la narradora al interpretarlo, se debe a que es «una manera de pensar que, día a día, como una infatigable gota, has ido absorbiendo sin saberlo y ya estás transformada, mejor dicho configurada, dentro de un personaje, una armadura por la cerradura y la solidez que comporta» (152). Es decir, Mercedes no logra transformarse en una mujer *nueva*, la que quisiera ser. En su lugar, acepta ser transformada en la que la sociedad quiere que sea, según la manera que explica la narradora, su hija:

> El método es presentar lo existente como natural, lo que no tiene vuelta de hoja, lo que no tiene razón de ser preguntado porque en sí lleva su razón de ser. Es difícil describirlo porque es el meollo del problema y lo más sutil, de lo que se deduce que la técnica más importante es la del naturalismo. La técnica naturalista consiste en que todo lo que veas a tu alrededor te vaya pareciendo natural, tan natural como el mar siempre bañando las mismas playas, ... todo te va pareciendo natural porque siempre ha estado ahí y no puedes imaginarte la vida sin eso y mucho menos la vida del que vive sin eso ... (156)

De aquí que para convertirse en una mujer *nueva*, para ingresar en esa tercera etapa de la novela, agrega más adelante la narradora anónima, es necesario «que ese tú no esté más determinado por el ellos, ... que esa misma estructura constituyente deje de constituirte y a la vez no desaparecer». (157)

La transformación de la mujer tradicional en mujer *nueva* es posible, sugiere la novela, mediante la fuerza que adquiere la acumulación de rebeldías, sueños y esperanzas de las mujeres a través de la historia. Sólo así se llega a una toma de conciencia, de la cual no hay regreso, y que representa la tercera etapa. En ésta, ellas observan la sociedad desde su perspectiva y tratan de insertarse en la posición que desean al haber recobrado su identidad. Este último pasaje se realiza no sin esfuerzo:

> Si uno comienza por dudar de una norma acaba con todas, es como un castillo de naipes, unas están montadas sobre otras y sacar una carta es hacer que se venga abajo el castillo con reyes, reinas y valets, porque forman una trama que debe ser respetada en su conjunto. Se podría hacer un recorrido institucional para ir viendo cómo el viento de la calle va entrando por las fisuras de tu casa, de tu colegio, cómo va invadiendo todo un viento de duda y poco a poco va contaminando la claridad de tus diáfanas e inconmovibles convicciones. (152)

El retorno de la mujer de su vida en el exilio en un ser creado por la sociedad significa el inicio de la tarea actual de crearse a sí misma. En la novela, este hecho se corresponde con el de la construcción de una ciudad nueva: «Construir, construir, construir. No se pensaba en otra cosa, era sin duda un imperativo de la historia... ejercer el dominio a través de la eficiencia y el trabajo, ennoblecerse con los nuevos signos de la época» (129). La narradora anónima, en su afán de crearse, apoya la decisión de su familia de desprenderse de la vieja casa, los objetos y los recuerdos: «Era mejor dejarlos ir para que aquellos que compraban la casa, la demolieran sin nostalgia y pudieran construir sobre el solar una nueva historia» (261). La tarea de creación de su propia vida, por un lado, consiste en haber revitalizado el pasado como único modo de tomar conciencia de la condición de las mujeres, acto que revela ya el ejercicio de su propia voluntad. Al rescatar a las demás mujeres se rescata a sí misma. Por otro, la creación de su yo se inserta en el presente mediante la novela que comienza a escribir al final de la narración. Así da inicio a una historia propia que controla y dirige, como su destino. También se observan estas dos facetas de la tarea creacionista en la actuación del personaje Marisol. Al recordar el pasado, por un lado, pone al descubierto los padeceres económicos que obligan a su madre a trabajar duramente y a Rita, a vender su cuerpo para subsistir. De aquí que se empeñe en un cambio social radical por medio de su actuación valerosa en el movimiento guerrillero. Pero éste también se muestra condicionado a los dictados sociales patriarcales, sin augurarle un futuro diferente a la mujer. La toma de conciencia de este hecho es posible sólo mediante la revisión histórica que efectúa Marisol. «Pues si tú supieras que Rita influyó sobre mí más que Lenín. Me acuerdo que un día le dije, cuando sea grande quiero ser artista como usted y ella, pero tú estás loca, chiquita, cuando te gradúes ya nadie se acuerda de que tu papá es conserje» (216). Es así que Marisol, por otro lado, decide hacerse a sí misma, mediante la total dedicación al estudio y, más tarde, con el trabajo de arquitecto, construyendo, paralelamente, su vida y vida para los demás.

De manera que la mujer *nueva*, según la imagen que se proyecta de *El exilio del tiempo*, es aquella capaz de controlar su destino y de insertarse en la sociedad de acuerdo a su **talento** y **habilidades individuales**. No obstante, esta capacidad no ha sido adquirida recientemente sino que ha sido un atributo anulado constantemente. Basta interpretar el vasto alcance de las actividades desplegadas por las mujeres. Por un lado, Graciela quería ser pintora, Olga, bailarina, Rita, cantante, es decir, siempre aspiraron a realizar actividades en un primer plano mediante el desarrollo y cultivo de talentos innatos. Por otro, Clemencia y Mercedes revelan mediante el manejo del hogar y la vida social, gran poder e ingenio organizativo. Todas ellas, pero principalmente la mamá de Marisol, son ejemplos de la fuerte disposición para realizar sacrificios por los otros sin que por ello mengüe su entusiasmo. Por consiguiente, la historia de las mujeres pone al descubierto las características fundamentales de la *nueva*: *apasionadas* por la lectura como medio de aprendizaje, *imaginativas*, *dadoras* y *poseedoras* de vida, *observadoras*, *perspicaces*, *valientes*, *decididas*, *emprendedoras*, *fuertes*, *compañeras*, *leales*, *disciplinadas*, *dedicadas* y *soñadoras*. Estos rasgos surgen en la novela como los que naturalmente definen a la mujer pudiéndose predecir la importancia de los mismos cuando los ejercite libremente en la sociedad.

Estas revelaciones que hace *El exilio del tiempo* significan principalmente que la mujer ha recobrado su identidad, una identidad sumergida por largo tiempo en las profundidades del inconsciente de la sociedad. Su rescate ha sido posible mediante la inmersión en la historia propia, contada desde su perspectiva para sacar a la luz facetas que, por desconocidas, parecen *nuevas*. Al rescatar su identidad, la mujer conquista su voz y, por lo tanto, adquiere una forma definida e imposible de ignorarla. Así, de una mera función de testigo de la historia ajena, la mujer, cumpliendo lenta pero irrevocablemente las tres etapas, asume la función de protagonista de la misma. En este acto, colabora activamente en completar la realidad, paso imprescindible para transformarla. Por consiguiente, en esta época finisecular, las narradoras de *El exilio del tiempo*, como también Torres, su creadora, enseñan la imagen de una mujer *nueva* pero construida con los escombros de la de ayer. Esta construcción individual señala claramente el importante papel que la mujer ha de jugar en la construcción social que, emergiendo de las agitadas aguas posmodernistas y globalizantes, se levante en el milenio venidero.

Obras citadas

da Cunha-Giabbai, Gloria. «La posmodernidad latinoamericana: *El exilio del tiempo* de Ana Teresa Torres.» *Narradoras venezolanas contemporáneas*, Hidaldo de Jesús, Amarilis y Edith Dimo, editoras. Los Angeles: Taller Hispanoamericano, de próxima publicación en 1994.

Mujer e historia. La narrativa de Ana Teresa Torres. Caracas: CAL, de próxima publicación en 1994.

Robertson, Roland. *Globalization. Social Theory and Global Culture*. London:

Sage, 1992.

Torres, Ana Teresa. *El exilio del tiempo*. Caracas: Monte Avila, 1990.

COMO AGUA PARA CHOCOLATE: LA NUEVA NOVELA DE MUJERES EN LATINOAMÉRICA

Alberto Julián Pérez
University of Michigan

Como agua para chocolate, 1989, de la escritora mexicana Laura Esquivel, forma parte de lo que ya es en la actualidad un consistente corpus de narrativa de mujeres latinoamericanas que se ha publicado en la última década, con autoras tan difundidas como Isabel Allende, Angeles Mastretta y la misma Laura Esquivel. Estas autoras, de gran éxito editorial, fueron precedidas, particularmente en México, por un notable grupo de escritoras a partir de los años cincuenta: Rosario Castellanos, que hizo interesantes aportes a la novela indigenista; Elena Poniatowska, creadora de una inolvidable literatura testimonial, y la conflictiva y cuestionadora Elena Garro (Glantz 122). Habría que agregar a estas figuras la influencia extraliteraria de la atormentada pintora Frida Kahlo, que cobra relevancia año a año en el ideario de la mujer mexicana, como voz femenina, inquisitiva, trágica, contrapartida del ciclo celebratorio, épico, de los grandes muralistas del México posrevolucionario, especialmente de su figura dominante, el marido de Frida, Diego Rivera (Franco 106-112).

De la misma manera que podemos contraponer con provecho la figura de Frida a la de Diego, podemos contraponer la narrativa de mujeres contemporánea a la de los grandes novelistas del Boom latinoamericano: Cortázar, García Márquez, Fuentes, Vargas Llosa.[1] De

---

1 Sorprende la gran aceptación que hoy tiene esta nueva literatura de mujeres, comparada al protagonismo literario más limitado de las autoras que publicaron en la década del sesenta durante el apogeo del Boom, como Castellanos, Poniatowska, Garro. El gran nivel novelístico de escritores como García Márquez, Fuentes y Cortázar, puede sólo en parte explicar esta situación.

hecho, esta literatura de mujeres se inscribe en esta sucesión histórico-literaria, y así conviene que lo haga nuestra lectura. Están detrás de esta narrativa contemporánea las grandes líneas de la novela mexicana y latinoamericana del siglo: la novelística de la revolución, las novelas regionales o novelas de la tierra, la novela experimental y vanguardista del Boom, la novela kitsch pos-Boom. Esta *nueva novela de mujeres* (creo que esta designación es la que más conviene al mencionado fenómeno literario) replantea además una relectura de esa tradición desde una diferente perspectiva, que escritoras como Allende, Mastretta y Esquivel asumen conscientemente. Obligan a rever la relación de los considerados géneros bajos, subliterarios, como la novela de amor por entregas, el melodrama, con los géneros ennoblecidos y oficiales de la tradición novelística, como el relato genealógico-histórico, o el fresco de la vida contemporánea de la clase media urbana.

Ha habido en el presente un cambio de interés del público lector hacia un tipo de narraciones más intimistas y personales, que exploran el problema de la sensibilidad del sujeto frente a su entorno y vida cotidiana, en lugar de las narraciones que apuntaban a una explicación global de los grandes problemas de nuestras sociedades. En este cambio del gusto la mujer ha asumido un papel más central, ayudada en parte por la política cultural de conscientización de la problemática femenina que han venido llevando a cabo los movimientos feministas, especialmente en la última década (Russotto 23-42).

Las consecuencias que los movimientos culturales han tenido para la historia de la literatura son considerables, y esta actitud no es una excepción. Me refiero, claro, a la intención consciente de un grupo nucleado alrededor de un programa de acción o un proyecto base para alterar un estadio cultural tal como se da en el presente y reemplazarlo por su propia propuesta. Ese movimiento tiene entonces un objetivo práctico y una forma de acción para alcanzarlo. Sin duda que tuvieron ese carácter los grupos modernistas y vanguardistas que fueron, a partir del fin de siglo pasado, protagonistas de la cultura en Latinoamérica.[2] Estos acuerdos literarios creados sobre todo entre las

---

2   La actitud «movimientista», a través de la cual se han implantado modelos culturales, como lo fueron el modernismo hispanoamericano, liderado por

nuevas generaciones literarias emergentes, si bien surgieron de propuestas estéticas derivadas de los centros metropolitanos europeos, fueron sometidos a los vaivenes de nuestras propias necesidades culturales hispanoamericanas, y sus obras alcanzaron una originalidad y protagonismo únicos en la historia de nuestra literatura (piénsese solamente en Darío, Neruda y Vallejo).

Claro que en este fin de siglo heterogéneo, posmoderno, escéptico, consumista, los grandes «acuerdos» literarios son muy difíciles de lograr. Nos encontramos frente a una humanidad huérfana de utopías (aunque ansiosa, imagino, de encontrar nuevas ideologías hegemónicas legitimadoras, sin las cuales es tan duro vivir), donde el mercado impone cada vez más (sobre todo en los países desarrollados, pero también, por reflejo, en los nuestros) las normas de producción artística, y que carece de motivadores estéticos del nivel que tuvieron el Modernismo y las Vanguardias. En estas circunstancias es el Feminismo uno de los pocos «movimientos» que ha logrado alcanzar rápidamente legitimidad y representatividad. El Feminismo, sin embargo, a diferencia del Modernismo y las Vanguardias, no tiene un objetivo literario sino de manera derivada: su fundamento es ético, reivindicatorio, libertario, busca la reintegración de un derecho civil escamoteado a la mujer: su igualdad social con el hombre. En este sentido, la situación de la literatura y el arte feminista, o inspirado en la creciente popularidad de las propuestas feministas, tiene más puntos en común con la literatura revolucionaria del Realismo Socialista producida a partir de la década del treinta, que se derivaba de la política cultural del Partido Comunista ruso, y con un interés ético al que se subordinaba el artístico, que con los movimientos modernistas y vanguardistas,

---

Darío, y las vanguardias que pululuron en todo el mundo de habla hispana en la primera mitad del siglo, permitió una rápida difusión de esas propuestas literarias y la consolidación de un público lector. Atrajo interés y respaldo editorial como para crear un modesto «mercado» alrededor de esa literatura, de consecuencias perdurables y constructivas para el mundo hispanohablante. Frente a estas situaciones de éxito colectivo siempre quedan relegados sectores del mundo cultural, aquellos que no pueden encuadrarse dentro de la nueva propuesta: un ejemplo paradigmático de injusticia literaria lo fue el reconocimiento tardío de José María Arguedas, comparado al éxito y difusión inmediata de los escritores del Boom.

que se manifestaron primariamente como movimientos artísticos y literarios. El origen ético de la propuesta del Realismo Socialista, sin embargo, no impidió la cristalización de una literatura de gran nivel artístico fiel a sus consignas en Latinoamérica, donde el pensamiento marxista leninista alcanzó un buen predicamento cultural, dando obras notables, como la poesía tardía de Vallejo, el *Canto general* de Neruda y, más recientemente, la poesía de Cardenal y la de Roque Dalton.

En las dos últimas décadas el Feminismo, fundamentalmente en EE.UU. y en países europeos, ha iniciado una amplia relectura cultural tendiente a mostrar la situación histórico-social de la mujer, dando especial importancia a la revaloración y legitimación del arte producido por mujeres en el pasado y en la actualidad (Gilbert and Gubar 144-166). Tomando como punto de partida el trabajo pionero de Virginia Woolf, *A Room of One's Own*, de 1928, la crítica feminista ha ido extendiendo sus horizontes. En opinión de Catharine Stimpson el libro de Woolf ya prefiguraba varios de los centros de interés alrededor de los cuales iba a desarrollarse el Feminismo: el interés en la mujer, en los problemas heterosexuales y en la dominación del hombre (Stimpson 130). Stimpson señala además que en el Feminismo la práctica emancipatoria aparece indisolublemente ligada a la reflexión sobre los problemas culturales y sociales de la mujer. En la opinión de Gilbert y Gubar, parte del sentido revolucionario del pensamiento de Woolf deriva de su propuesta de que las mujeres deben crear una institución o centros de enseñanza independientes de los centros de poder intelectual de los hombres (Gilbert y Gubar 145).

Dentro del trabajo revisionista al que se entregan las críticas feministas ocupan un lugar especial los estudios sobre el «deseo» en la mujer, lo que ha llevado a replantear nociones sicoanalíticas freudianas consideradas «clásicas». Parte de esta búsqueda, apoyándose en estudios de Kristeva, Irigaray y Cixous, es desentrañar la noción de una escritura femenina que inscriba el cuerpo del deseo de la mujer separado de la cultura patriarcal tradicional, eliminando sus oposiciones binarias (Gilbert y Gubar 151). La crítica feminista de orientación historicista y sociológica, por su parte, se ha ocupado de cuestionar nociones como las de autor, género, canon, nacionalidad, tratando de determinar el peso de lo ideológico en la formación de esos conceptos

(Gilbert y Gubar 147; Miller 102-112). Este modelo crítico histórico-sociológico feminista, vinculado a la explicación marxista de los procesos de alienación y reificación social en la sociedad industrial moderna capitalista, ha tenido mayor impacto en Hispanoamérica, dada la fuerte tradición marxista entre sus intelectuales a lo largo de nuestro siglo.[3]

Por su carácter activista y político, el Feminismo ha contribuido a crear rápidamente canales de comunicación para hacer posible el establecimiento de los medios necesarios para que circulen sus ideas y se discutan sus propuestas (Radford-Hill 157-172). En el campo estrictamente literario notamos la proliferación de publicaciones feministas, tanto en revistas como en libros de investigación, y el protagonismo editorial que ha logrado la literatura escrita por mujeres en la última década (Russotto 113-172). Dentro de Hispanoamérica quizá sea México donde un grupo de escritoras ha alcanzado una posición más sólida y representativa, hasta constituir un corpus de excelente literatura de mujeres, y baste citar los nombres de Castellanos, Poniatowska, Garro, Boullosa, Mastretta y Esquivel, a los que podríamos agregar los de Nellie Campobello, Luisa J. Hernández, Inés Arredondo, Julieta Campos, Margo Glantz, María Luisa Puga, María Luisa Mendoza, Bárbara Jacobs, etc. (Glantz 121-129).

Ese «movimiento» feminista ha sido fundamental para revalorar el punto de vista femenino, el imaginario que aparece en el corpus escrito por mujeres. Su literatura ha alcanzado amplia aceptación y se ha convertido en fenómeno editorial, especialmente las novelas de Allende, Mastretta y Laura Esquivel, que han vendido en poco tiempo cientos de miles de ejemplares y fueron traducidas a una gran cantidad de lenguas. El primer libro de Esquivel, llevado al cine por su marido Alfonso Arau en 1992, con guión de la autora, se convirtió en un éxito

---

[3] Consultar los ensayos de *Revista Iberoamericana* Núms. 132-133, Julio-Diciembre 1985, número especial dedicado al estudio de las escritoras de la América Hispánica.
Debemos destacar también los estudios de la crítica inglesa latinoamericanista, muy leída en Hispanoamérica, Jean Franco, quien asocia el método marxista con la crítica feminista en *Plotting Women Gender and Representation in Mexico* (New York: Columbia University Press, 1989).

cinematográfico único en la historia del cine mexicano (Halperín 6). Es fácil comprender cómo este hecho, además de hacer justicia y alterar el papel secundario que se había asignado a la mujer en la producción del arte, estimula a las nóveles escritoras, que se encuentran con una situación mucho más favorable a sus inquietudes, sin que esto signifique que se plieguen a las ideas concretas y militantes de un determinado grupo feminista. Definitivamente, al menos en lo literario, la situación de la mujer ha cambiado en este fin de siglo (González Stephan 201).

Esta nueva confianza de la mujer escritora se evidencia en el subtítulo sarcástico y afirmativo de la obra de Laura Esquivel, *Como agua para chocolate: Novela de entregas mensuales con recetas, amores y remedios caseros*, donde la autora explícitamente nos enfrenta con nuestras suposiciones (y prejuicios) sobre lo que es o debe ser una novela. La autora declara que su obra, si bien es «novela», un género mayor de nuestras letras, aunque rebajado a «novela de entregas» (o sea, novela de consumo popular, folletín, pasible del adjetivo de literatura «pobre» o subliteratura que la literatura culta asigna al folletín), contiene además recetas, amores y remedios caseros, creando una yuxtaposición de elementos narrativos y una mezcla con la que muchos lectores pueden no estar de acuerdo. El que contenga «amores» es central al desarrollo de la trama novelesca, especialmente si le agregamos el adjetivo «exagerados»: amores exagerados son los amores de la novela rosa; los otros dos elementos: recetas y remedios caseros, resultan ajenos, con algunas excepciones, a la tradición narrativa de la novela.

La escritora, en un reportaje, confiesa que el procedimiento de integrar recetas de cocina a una obra ya había sido utilizado por el español Vázquez Montalbán «de otra forma» (Halperín 6-7). Esa otra forma, en mi concepto, consiste en que ella, a diferencia de Vázquez Montalbán, no lo emplea como un recurso más, sino que lo ubica en el centro productivo de la narración, experiencia irradiante (la de cocinar) a partir de la cual se desgranan las historias, que son historias de amor de cocineras. El otro elemento, los remedios caseros, tiene un papel ancilar en la novela, pero apunta la intención de la autora de resaltar lo curativo, el papel de la mujer como personaje que además de nutrir, cura, un papel muy conectado con el cuerpo, con la salud y con la vida. La autora, en ese reportaje, comenta sobre el mote despectivo que le pusieron a ella y a otras escritoras mujeres de esa reciente promoción de novelistas, como Isabel Allende, en su país, a las que llaman «fodongas», que el periodista argentino que hizo la entrevista, Jorge Halperín, explica como escritoras «grasas». De esto se queja Esquivel que acota con razón: «Justo a nosotras, que ponemos hasta el cuerpo en la escritura» (Halperín 6). Esta quedará entonces como *escritura del cuerpo*, que quizá sea la designación que mejor la explica, a la que yo agregaría, del *cuerpo femenino*.

En ese subtítulo de la novela, podemos detectar una búsqueda: la del espacio particular del mundo femenino, representado por la casa, el sitio donde las mujeres hacen el amor, dan a luz, alimentan, curan y mueren. En la casa se completa el ciclo de la vida. Dentro de ella, la mujer cocinera es la sacerdotisa ejecutora de un ritual ancestral: el de ofrecer el alimento de la vida. La escritora, con respecto a su propia experiencia, confiesa en la entrevista: «Casi no salgo de casa, y especialmente de la cocina... Cuando me casé y tuve hijos, empecé a advertir que la cocina no es el lugar del castigo, es el centro más sagrado que hay ... a través del rito de la comida, se construye una comunión con toda la gente. Incluso, hasta creo que se invierten con el hombre los términos sexuales: ahora él es el ser pasivo y la mujer el activo, que lo penetra por medio del alimento.» (Halperín 6).

Esquivel le da a la cocinera en su novela un valor casi alegórico, arquetípico, sin que sea ésta una novela conceptual o de tesis. Dice que ve a la cocinera «... como una alquimista o como una sacerdotisa», agregando aquello que resulta más novedoso en la literatura femenina de Mastretta y Esquivel: el culto a la sensualidad, la expresión del deseo propio como sensualidad metonímicamente extendida al entorno narcisista del que se rodea y con el que se protege el sujeto vulnerable, débil, ante un mundo amenazante y agresivo (Halperín 7). Cuando el periodista le pregunta qué relaciones encuentra entre la cocina y la literatura, Esquivel responde sin vacilar: la sensualidad, agregando que la idea del libro le vino mientras estaba cocinando, y llegó asociado a los olores de la cocina, no solamente a la de ella propia, sino también a la de su madre y su abuela.

Es éste en ese sentido un libro «auténtico». Esquivel confiesa no sentir afinidad con el denominado «Realismo Mágico» porque lo que ella cuenta, dice, le parece real y «... Todo lo que parece desmesurado, en el fondo tiene que ver con la realidad. Yo no lo veo como algo mágico, creo que no invento nada porque hablo de mis vivencias.» (Halperín 7). Claro, que tenemos que entender esta afirmación en el contexto de la novela latinoamericana, donde es imposible romper los presupuestos narrativos de la poética de la verosimilitud realista sin aludir, consciente o inconscientemente, a la famosa «escuela» del Realismo Mágico, especialmente a García Márquez (la vitalidad del procedimiento de combinar realismo y fantasía la demuestra su supervivencia en la narrativa actual, especialmente en Allende y Esquivel).

A pesar de las innovaciones introducidas por la voz femenina independiente y liberada en la narrativa contemporánea, no por eso las mujeres escritoras pueden ponerse por encima del género, y el género a que me refiero no es el biológico, sino el género novela. Esquivel tiene una relación ambigua con el género, y busca satisfacer los deseos de su público lector presumiblemente femenino, al que creo que va dirigida en primer lugar la novela, y de afirmarse ante la tradición del género. La ensayista Beatriz González considera que Esquivel es una escritora revolucionaria porque «... ataca todos los códigos de la censura y principios binarios» (González Stephan 211). Para González, la novela usa la parodia y el grotesco para desacralizar el alto mundo literario, viéndolo como un ataque a los «discursos autoritarios» que busca transgredir «el orden establecido».

El entusiasmo de González me parece exagerado: sin duda el libro de Mastretta *Arráncame la vida* puede ser visto como un libro básicamente transgresor y desacralizador de la cultura machista revolucionaria mexicana, pero no *Como agua para chocolate*... En este último la actitud de la autora hacia el poder y hacia el género o los géneros es mucho más ambigua, como lo reconoce en su reportaje. Esquivel se enfrenta el género elaborando variantes y evitando tendencias típicas del género. Si la consideramos en relación a la tradición novelística mexicana, especialmente el ciclo de escritores de la Revolución, padres fundadores de la literatura de la nación moderna mexicana, comprobamos que la autora crea un argumento que transcurre durante la revolución mexicana, pero en un espacio amurallado, aislado de la misma. Se nota en el procedimiento un deseo de afiliación y no un deseo contestario por parte de la autora: los personajes vinculados a la Revolución, como Gertrudis, son personajes altamente vitales, positivos, que la autora considera de una manera idealizada y admirativa, y no crítica.

El ataque va dirigido contra la madre de Tita, Mamá Elena. Mamá Elena es la madre-padre feudal, una figura matriarcal asociada al rancho: es el personaje despótico del campo popularizado en las novelas del ciclo de la tierra, especialmente *Doña Bárbara* de Gallegos. Aquí Esquivel vincula dos formas del género: las novelas de la Revolución y las de la tierra: su novela transcurre durante la revolución y en un rancho del norte de México. Más que decidirse por una filiación integra vertientes. Su forma novelesca es asociativa, aditiva, heterogénea. Su género novelesco tiene aspectos ambiguos y el género de los personajes también. A pesar de la diferenciación sexual del ser humano, cualquier lector moderno de Freud reconoce cómo en el sujeto se combinan las tendencias masculinas y femeninas (Freud 476-479). Si hay un campo en el que se han conjugado más los elementos y desplazamientos de lo masculino y femenino, independientemente del sexo de los sujetos que lo animan, es en el mundo del arte, mundo tantas veces indiferenciado, pre-edípico y transexual. Quién no va a pensar al leer a Esquivel, por ejemplo, en los personajes y los recursos novelescos del escritor argentino Puig, y su extraña y exitosa alternancia de lo masculino-femenino.

El modelo autoritario, patriarcal, masculino en *Como agua para chocolate*, se desplaza a una mujer: Mamá Elena. La relación entre madre e hijas, en particular con Tita, es la que desata el conflicto. La madre despótica ha condenado a la hija a la cocina, a ser su sirvienta hasta el día de su muerte; por lo tanto la excluye tanto del amor (no podía casarse) como del saber (no tendría oportunidad de educarse: su lugar es la cocina). Es justamente de este lugar de exclusión y violenta condena patriarcal, del que el personaje logrará liberarse: su debilidad se transforma en su mejor arma. Frente a este padre-madre que controla la economía de la familia (el padre de Tita muere dos días después de nacer ésta) y el orden patriarcal de la casa, las hijas tienen que someterse y aceptar sus órdenes, y no tienen derecho a su vida privada ni a tomar decisiones (como el casamiento) personales, sino que su madre decide por ellas.

Se crea entre las hermanas, Gertrudis, Rosaura y Tita, un sistema de alianzas (y divisiones). Rosaura, siendo la más beneficiada por la madre, se identifica con ella, y al morir ésta pretende asumir su autoridad. Tita, la víctima, se alía a Gertrudis, la hija ilegítima de Mamá Elena (quien pese a la moralidad victoriana que pretende imponer en su rancho concibió a Gertrudis con un amante mulato). Gertrudis ostenta los privilegios del fuego, la sensualidad, la sexualidad desbordada, el espíritu de mando, que le permite pasar de la historia privada (la de la casa) a la Historia (la de la Revolución mexicana) y hacerse soldado y líder en la Revolución, ejerciendo antes el primer trabajo femenino, como un paso previo hacia su liberación: el de la prostitución.

En este sistema de alianzas y oposiciones: madre-Rosaura vs. Gertrudis-Tita, priva la envidia, la desconfianza, la violencia, la victimización, el egoísmo, la negación del otro y la destrucción. Se enfrentan el amor y el deseo a la violencia y el poder. El primer enfrentamiento lo provoca Mamá Elena al prohibir a Tita casarse con quien ama y la ama, Pedro, y casar a éste con su hija preferida y heredera de su poder: Rosaura. Pedro acepta para estar cerca de Tita y así se concreta un segundo desplazamiento del deseo sexual y un sacrificio: vivir con quien no se quiere para estar cerca de quien se quiere: desplazamiento triádico, que nos recuerda el papel de padres e hijos, relaciones que muchas veces se resuelven como «sacrificio» de la madre, para acceder al hijo. Negación de sí por el otro. Estrategia femenina. Pero la emplean los dos: el hombre y la mujer: Pedro y Tita. La autora homogeiniza la psicología, indistingue los géneros: hombres y mujeres intercambian sus funciones. Y quien sale beneficiada y recibe el premio: el hijo, es Rosaura, la mujer sustituta, la madre «mala».

En esto, Pedro, el hombre, como todos los otros hombres de la novela (el padre de Tita, que muere al comienzo de la obra; el revolucionario enamorado y dominado por Gertrudis, con el que luego se enfrenta Mamá Elena; John Brown, el pasivo doctor que acepta siempre los deseos de Tita con altruismo, como una madre buena) tiene en la historia un papel secundario y ancilar, no protagónico: los papeles protagónicos de poder y autoridad, o de sinceridad, amor y entrega, siempre lo desarrollan mujeres: ellas son las heroínas. Los hombres actúan como ayudantes, colaboradores de los que ellas se valen para alcanzar su deseo. El personaje femenino, en este sentido, es omnipotente. En la casa está el centro de su poder. El personaje masculino queda marginado en la casa: no le corresponde honor, ni autoridad. Es débil, manejable, dependiente, subalterno.

Podemos pensar que la exclusión de los personajes masculinos de situaciones de poder en esta novela responde a un modo de representación social y familiar que se desprende de las necesidades del imaginario de la mujer. Si la fantasía masculina ha preferido tradicionalmente representar a la heroína femenina como madre buena y pura, u opuestamente como mujer erótica y peligrosa (la virgen y la prostituta) o, con criterio psicológico más realista, mediante una combinación de ambos atributos (la mujer con cuerpo de diosa de la fecundidad -grandes pechos y caderas- que es al mismo tiempo seductora irresistible), la fantasía femenina -al menos en esta etapa actual de liberación de su imaginario, en que la mujer se siente autorizada a hablar con su propia voz, en lugar de darle a su expresión una posición subalterna, como proyección del deseo masculino -presenta un mundo autocontenido en que la mujer se apropia de los atributos masculinos (tal como lo hacen Mamá Elena y Gertrudis) desplazando al hombre y quitándole su poder.

Junto a la familia «oficial», la narradora (la novela está narrada por la sobrina-nieta de Tita) presenta a otros dos personajes femeninos que viven dentro del círculo familiar: Nacha, la cocinera, y Chencha, la sirvienta. Nacha se transformará en la madre adoptiva, la madre en el cariño de Tita, supliendo el amor que Mamá Elena no fue capaz de dar a su propia hija. La autora muestra dos aspectos posibles opuestos de la maternidad: uno perverso y abusivo, y otro benéfico, generoso, dador de vida. Nacha, la cocinera, representa el aspecto bueno, germinativo. Después de muerta, se transforma en el ángel tutelar de Tita. Estas mujeres del pueblo bajo que habitan en el rancho feudal con la familia son indias. Aquí Esquivel reivindica una corriente muy particular de la literatura indigenista, la de su compatriota Rosario Castellanos: la mujer blanca aprende de la mujer india, logrando efectivamente la transculturación (Glantz 126). Y éste no es el único ejemplo de transculturación: el otro lo realiza quien representa también la femineidad buena en la novela (a pesar de ser hombre), y que se quiere casar con Tita: el Dr. Brown, quien aprende a curar gracias a la medicina mágica de su abuela india. Los dos aspectos más importantes del ciclo de la vida: el alimento y la salud, pasan aquí a estar representados en la trama novelesca. Ambos provienen de una relación directa del personaje blanco con el mundo ancestral de los padres indios de América: de ellos emana la sabiduría que provee el secreto de la nutrición y la salud. La cocina mexicana es una cocina india, y la medicina del Dr. Brown es una medicina india.

Es en lo autóctono, en el uso de las especias autóctonas y en su particular forma de empleo y preparación, donde reside el secreto de la cocina mexicana. En la cocina mexicana Tita aprende a amar la vida: la sensualidad, los olores, los sabores. Es un mundo secreto que se transmite de generación en generación, de madres, a hijas, a nietas. Mundo artesanal y también artístico, con mucho de los poderes del ritual y la magia, que permite mediante el alimento controlar la voluntad de los demás. Así lo hace Tita, cuyas lágrimas caídas sobre el pastel de bodas de su hermana, ocasionan una descontrolada descompostura en los invitados y la novia misma y, al preparar las codornices con pétalos de rosa, crea una reacción tan erótica que hace que Gertrudis se abrase en deseo y tenga su cabalgata sexual con el capitán.

En el último capítulo de la novela se invierte el sentido de la acción de los personajes. Rosaura, la hermana mala, la heredera pretendida de los poderes matriarcales de Mamá Elena, muere ridículamente, antihéroe grotesco, entre ventosidades pestilentes. Tita, nos enteramos, había rechazado el casamiento con el Dr. Brown y se transformó, finalmente, en amante de Pedro, mientras Rosaura aceptó, por un lapso de veinte años, compartir a su hija Esperanza con ella, a condición de que no tuviera un hijo con Pedro. Siempre el sacrificio y la compensación, la felicidad nunca es completa. Alex, el hijo del Dr. Brown, se casa con Esperanza. Durante la boda, Pedro muere mientras hace el amor con Tita, y ambos cuerpos, el suyo y el de Tita, desaparecen en un incendio, que se transforma en fantástica pirotecnia, y sobre sus cenizas fértiles se apresta la vida a continuar su inacabable ceremonia de amor.

El ingenioso argumento no es suficiente para explicar la extraordinaria recepción que tuvo esta novela. La modalidad narrativa de Esquivel no es nueva, ya que combinar la narración realista de una historia, con salidas irracionales, fantásticas, como si ambas fueran perfectamente aceptables y no rompieran el contrato de verosimilitud establecido con el lector, es algo que satisfizo plenamente a los lectores de Hispanoamérica y del extranjero durante la época del Boom, y está hoy establecido como uno de los modos narrativos modernos más innovativos y populares. Igualmente, la visión nostálgica de un mundo anacrónico, descripto en su carácter típico, colorista, con la visión irónica del narrador culto y entendido, es uno de los recursos estilísticos que mejor identifican la prosa de García Márquez. Son procedimientos que se han ido desarrollando lentamente en Latinoamérica a partir de nuestra narrativa colorista y costumbrista pos-romántica. A éstos podríamos agregar las exageraciones caricaturescas melodramáticas típicas del arte Pop, del Kitsch, del que Puig hizo uso ingenioso a partir de la década del sesenta, al explotar la descripción de la sensibilidad femenina como personalidad lacrimógena pero tierna, querible, vulnerable: la mujer víctima de fondo maternal. Mucho más interesante e innovativo para el lector contemporáneo resulta sin embargo el punto de vista femenino que introduce Esquivel en la novela, al presentar un mundo que gira exclusivamente alrededor de los intereses y las motivaciones de la mujer.

Tita es la mujer que no pudo ser madre (condenada por su propia madre) ni pudo amar sino en secreto y con la vigilancia de su hermana.[4] Esta experiencia de negación a consecuencia de la maldad de los otros que envidian y odian, la vida amenazada en su inocencia, tópico central en los cuentos para niños, y la visión estilizada de lo cursi contemporáneo, que deforma con humor y con gracia, conmue-

---

(4) Tita, la mujer buena, es virgen cuando amamanta a su sobrino, actuando como madre sustituta «fértil» frente a una madre real «seca». Allí el lector se enfrenta a una situación claramente asociada al mito de la maternidad virginal milagrosa.

ven al lector. El empleo de estos múltiples procedimientos señalados, y la habilidad de combinarlos sin destruir el equilibrio narrativo, permite una comunicación fluida con su público, mérito del estilo narrativo de Laura Esquivel. Es el suyo un arte ecléctico, aleatorio, buscadamente superficial, porque, como el arte modernista de fin del siglo pasado, apunta a los sentidos. Uno podía leer en los relatos de García Márquez alegoría histórica o política, dado el sabio manejo conceptual de la historia que hace el colombiano; en Esquivel uno lee un tramado sensual, que busca impactar sentidos vitales: es el mundo percibido, más que a través de una síntesis ideológica, por sus marcas y rastros sensoriales: los sabores, los olores, el tacto. Es un mundo armado y tramado a través de la experiencia de la mujer que es Laura Esquivel.

Esquivel deposita la responsabilidad del saber y el poder espiritual en las dos mujeres ancianas (indias): Nacha y «Luz del Amanecer», la abuela del Dr. Brown, figuras tradicionales respetables e idealizadas. Su visión es la de un mundo animista y naturalista, muy distinto al mundo logocéntrico y racional que predomina en gran parte del imaginario de los hombres. El argumento de la novela no se centra tampoco en la acción de héroes incansables en su lucha por acercarse a la verdad (Gertrudis, heroína masculina de la novela, es la excepción); expone en su lugar la frustración de todos los anhelos de esos personajes dominados por la envidia y la competencia por el hijo, incapaces de realizar un amor auténtico, y su lucha interna para tratar de alumbrar el «buen» amor o el esfuerzo para negarlo a cualquier precio. Sus mujeres se castigan y provocan dolor, conviviendo en una situación de sometimiento y dependencia alimentada por sentimientos ambiguos de amor y de odio.

Esta representación -alegorizada- del mundo de los deseos de la mujer tiene que ser del interés del público lector femenino de Esquivel, que se siente aludido no indirectamente -mediante el imaginario masculino de la mujer típico de la novela escrita por hombres- sino íntimamente, por la voz narrativa creada por una escritora con la que pueden compartir sus mismas congojas y angustias psíquicas y, por qué no, procesos semejantes de sublimación y desplazamiento. Quizá lo que sorprenda al lector hombre en el cuadro de la sociedad que plantea la escritora es su carácter punitivo y cruel, destructivo. Uno (y yo como lector hombre) puede sentirse intranquilo ante la manera en que se distribuye el dolor y el placer, el bien y el mal. La madre allí no es buena y abnegada, sino tiránica y masculina; la mujer sensual, seductora y peligrosa, es también mujer libre, creativa, revolucionaria.

Felizmente para nosotros, Esquivel ha escrito una historia que no es excesivamente psicologista, sino que tiene mucho de fábula (aprovechando los recursos del novelísticamente legitimado Realismo Mágico), y hace triunfar al final el amor y el bien (Tita y Pedro se aman y son prácticamente transformados en ángeles, el espíritu de las abuelas buenas ayuda a los personajes desafortunados, Esperanza y Alex concretan el amor y el matrimonio que Tita y Pedro sólo tuvieron como coronación de una vida de frustraciones y represiones) mientras el mundo del mal sufre su castigo (Mamá Elena muere envenenada a causa de su propia desconfianza; Rosaura, su heredera, madre de los hijos que cría Tita, muere ridícula y cómicamente inflada de gases). En *Como agua para chocolate* el mal tiene una causa específica -la imposición de una ley injusta por una madre egoísta que establece una relación de dominación y servilismo con su hija, y las consecuencias que se derivan de esto- y una vez eliminados los obstáculos triunfa el bien y el amor, concluye la crisis, se restablece el orden y el mundo -nuestro mundo- recobra su equilibrio.

A diferencia de escritoras del pasado, que podían sentirse inclinadas a presentar un sujeto narrador impersonal, genérico, o masculinizado, Esquivel prefiere hablar de sus «vivencias» como mujer, de una experiencia de base autobiográfica, según confiesa en su entrevista. Cuenta que pasó su niñez «... en la cocina, junto a mi madre y a mi abuela, oyendo miles de historias de mujeres» (Halperín 6). La mujer que narra en la novela es una sobrina-nieta de Tita. Su narración es historia de familia, e historia del linaje familiar y esta familia, porque está presidida por una mujer, es una familia matriarcal. Sus personajes son mujeres, que pueden gratificar a los lectores del mismo sexo con un mundo femenino cerrado pero autónomo, independiente, que se nutre a sí mismo, que da vida y entierra a sus muertos, que completa el ciclo dentro de sí. Es la imaginación femenina que no se disfraza ni se avergüenza de su condición y se reafirma en su experiencia, rescatando lo que ésta tuvo de creativa: el arte de la cocina, el arte de curar, la maternidad.

Quizá la único que habría que reprocharle a Esquivel es un cierto pesimismo o autocomplacencia al haber construido un universo femenino tan aislado y autosuficiente, casi hermético a los vientos de la historia y al mundo público: es como si sus mujeres no se interesaran por formar parte de la gran sociedad. Este aspecto, la separación extrema entre lo privado y lo público, quizá sea el más conformista de la historia construida. Pero el escritor sólo puede hablar desde su propia experiencia y subjetividad: en este sentido Esquivel es auténtica. La obra podrá parecer a algunos algo superficial (su mundo social es convencional, su caracterización psicológica poco descriptiva y profunda) pero hay que reconocer que la literatura escrita por mujeres maneja un sentido diferente, que resulta nuevo, de la superficie: es un mundo primario y vital de sensaciones encontradas, animado por colores y sabores que estimulan al lector. Un mundo lúdico ingenioso e imprevisible. No es ésta una narrativa revolucionaria pero tampoco es conservadora: su experimentación es limitada, su capacidad combinatoria y ecléctica es mesurada también: es una literatura femenina que se presenta sin pudor y reclama un nuevo espacio literario para mostrar su condición. Es, en este sentido, una petición de derechos, de un espacio largamente negado (y autonegado) a las mujeres.

El mundo que presenta el imaginario femenino no es necesariamente un mundo rosa como lo imaginó el imaginario masculino. Es un mundo herido, lastimado, de envidia, de celos, de odios, de venganzas. Es quizá la psicología del melodrama que pide su lugar en la literatura mayor. Hasta hace poco se había tildado toda literatura que expresara una sensibilidad femenina como cursi, o como extravagante. Pero el género menor está creciendo, y con un contenido político. No necesariamente una política partidaria, ideológica. Crece con política libertaria: se rescata un espacio humano, psicológicamente realista, comprensivo, para el mundo de la mujer, sus necesidades y deseos. Es casi la búsqueda de una libertad humana y civil largamente prometida y demorada.

Obras citadas

Esquivel, Laura. *Como agua para chocolate: Novela de entregas mensuales con recetas, amores y remedios caseros*. México: Planeta, 1989.

Franco, Jean. *Plotting Women Gender & Representation in Mexico*. New York: Columbia University Press, 1989.

Freud, Sigmund. «Libido Theory and Narcissism». *Introductory Lectures on Psychoanalysis*. London: Pelican Books, 1973. Trad. de James Strachey: 461-481.

Gilbert, Sandra; Gubar, Susan. «The Mirror and the Vamp: Reflections on Feminist Criticism». Ralph Cohen Editor. *The Future of Literary Theory*. New York: Routledge, 1989. 144-166.

Glantz, Margo. «Las hijas de la Malinche». Karl Kohut, ed. *Literatura mexicana hoy. Del 68 al ocaso de la revolución*. Frankfurt am Main: Vervuert Verlag, 1991. 121-129.

González Stephan, Beatriz. «Para comerte mejor: cultura canibalesca y formas literarias alternativas». *Nuevo Texto Crítico* Nos. 9/10, 1992. 201-215.

Halperín, Jorge. «Cómo se cocina un éxito». *Clarín: Cultura y Nación*. 22.7.93. 6-7.

Radford-Hill, Sheila. «Considering Feminism as a Model for Social Change». Teresa de Lauretis, Editor. *Feminist Studies Critical Studies*. Bloomington: Indiana University Press, 1986. 157-172.

MÁRGENES DE LA TRANSCULTURACIÓN EN LA NARRATIVA DE ROSARIO FERRÉ

Lucía Guerra Cunningham
University of California, Irvine

Desde una perspectiva antropológica, los fenómenos de transculturación se definen a partir de la transitividad, de ese flujo que se inserta en otro formando un nuevo cauce, razón por la cual su dinámica básica se atribuye a una proliferación de dialogismos realizados en contextos plurales. Desde esta perspectiva, la escritura como producto cultural sería una voz más en el friso polifónico de la transculturación,[1] supuesto que ha conducido por lo general a la crítica literaria a analizar y especificar los diversos elementos culturales presentes en un texto.[2] Sin embargo, la escritura, como praxis simultáneamente incluida en la Historia y en la Imaginación, no sólo constituye el documento y reflejo de «lo real transcultural» sino que es, además, una actividad remodelizadora de la transculturación en la cual «lo imaginado» posee la potencialidad de invertir y subvertir lo histórico. Por lo tanto, los espacios más o menos tangibles de lo cultural e ideológico pasan por un proceso de reciclaje imaginario que, en mi opinión, no ha sido suficientemente analizado por la crítica.

En el caso de la narrativa de Rosario Ferré, escritora puertorriqueña feminista, la yuxtaposición de culturas bajo el eje de determina-

---

[1] No obstante, Angel Rama da énfasis a la creatividad señalando como opera ciones concomitantes las pérdidas, selecciones, redescubrimientos e incor poraciones en lo que él denomina «la función creadora», su concepto de transculturación en la literatura se fundamenta especialmente en la escritura como proceso de apropiación y no como remodelización imaginaria. (*Trans culturación narrativa en América Latina*. México: Siglo Veintiuno Editores, 1982).

[2] En los ya numerosos estudios sobre la transculturación en la literatura latinoa mericana, la metodología principal ha sido definir y señalar los orígenes de aquellos elementos africanos o indígenas que se combinan con el acervo hispánico.

das estructuras de poder se representa literariamente desde los márgenes de aquello que tanto la crítica como la antropología han denominado transculturación. En su escritura, ella elude los aspectos visibles del contexto transcultural burlando así la mirada de la antropología, tradicionalmente centrada en parámetros escópicos. Desde su perspectiva ideológica, la autora desestabiliza los esquemas adscritos a la transculturación al insertar como otra variable todo un acervo que corresponde a los espacios silenciados de una sub-cultura producida y vivida por la mujer. En los márgenes mismos de aquellos planteamientos teóricos que han adscrito el estatuto de cultura a una producción supraestructural determinada, Ferré remodeliza la transculturación partiendo de aquello que, para la perspectiva patriarcal, constituye una ausencia, un espacio en blanco, un exceso no legitimizado de lo que se entiende por cultura a partir de una epistemología de carácter androcéntrico.[3]

En la literatura creada por la imaginación masculina, lo racial generalmente se representa como un ensamblaje conflictivo, como un juego de tensiones en el cual se articulan tanto los elementos de un ethos cultural subordinado como las condiciones específicas de un sistema de estratificación social fundamentado en la pigmentocracia. En su cuento titulado «Cuando las mujeres quieren a los hombres», Rosario Ferré modifica este modelo de representación al anclar dicho ensamblaje en la sexualidad femenina concebida como núcleo ontológico de un ethos reprimido por la ideología del sistema patriarcal. Así, la ecuación sexualidad/identidad se propone no sólo como una construcción cultural singulizadora de la mujer sino que también responde a una nueva plataforma de lucha en el movimiento político feminista.[4]

---

3   La narrativa de Rosario Ferré ha sido generalmente analizada desde una perspectiva feminista que, hasta ahora, ha omitido su textualización peculiar de la transculturación.

4   Este planteamiento ideológico de la autora se hace evidente, por ejemplo, en su texto *Sitio a Eros* en el cual, junto con rescatar los elementos de una sub-cultura femenina, Rosario Ferré propone la elaboración del erotismo y la sexualidad femenina como actividad fundamental en la escritura de la mujer. (México: Editorial Joaquín Mortiz, 1980).

Desde una perspectiva patriarcal, Isabel Luberza, la señora decente de una familia blanca e Isabel la Negra, mujer que se ha dedicado a la prostitución, constituyen los polos de la oposición binaria que ha categorizado a la mujer como madre virginal o pecadora en una axiología fundada en el Deber-Ser. En su cuento, Rosario Ferré desmantela este esquema de la hegemonía masculina borrando oposiciones e invirtiendo los términos de un proceso histórico en el cual lo afroamericano ha sido relegado a la posición de un Otro subordinado.

El primer aspecto que llama la atención en «Cuando las mujeres quieren a los hombres» es el carácter dual del epígrafe escindido en dos discursos que corresponden a culturas diferentes. El epígrafe se inicia con una plena de San Antón («la puta que yo conozco/no es de la china ni del japón/porque la puta viene de ponce/viene del barrio de san antón»)[5], texto seguido por una cita de la Epístola de los Corintios de San Pablo: «conocemos sólo en parte y profetizamos sólo en parte, pero cuando llegue lo perfecto desaparecerá lo parcial, ahora vemos por un espejo y oscuramente, pero entonces veremos cara a cara». La disposición en contrapunto de un discurso de la cultura popular y un discurso de carácter teológico no sólo crea una tensión entre lo canónico establecido por la clase blanca dominante y lo marginal negro sino que también subraya la oposición cristiana entre el Espíritu y la Carne. El hecho de que la plena de San Antón encabece el epígrafe indica, sin embargo, una inversión de dicha jerarquía otorgándole un lugar privilegiado a la Carne, a la sexualidad asociada con lo marginal femenino. Por otra parte, las dos secciones del epígrafe ubicadas en una relación dialógica apuntan hacia la creación de una nueva Entidad en la cual se entrecruzan los significantes de lo metafísico y lo explícito desenfadado. Dos retóricas y dos ritmos que conllevan los signos de la meditación religioso-intelectual y el carnaval.

Este tipo de encauzamiento es reiterado en el relato por las figuras de Isabel Luberza asociada con Isabel la Católica y la Virgen María, e Isabel la Negra, imagen especular de la reina de Saba, la Tongolele y la Salomé. Dos figuras que, a nivel de una cultura específicamente femenina, usan como símbolos de su raza y clase social

---

5 Rosario Ferré. *Papeles de Pandora*.(México: Editorial Joaquín Mortiz, 1976, p. 26).

posturas, vestimentas e implementos de maquillaje que, en la teoría feminista contemporánea, corresponden a aquellos signos de una praxis cultural catalogada por la hegemonía patriarcal como lo superficial y sin valor de cultura.[6] Sin embargo, más allá de las escisiones impuestas por la estratificación social, ambas mujeres están unidas en un triángulo del Deseo encabezado por Ambrosio quien, en su relación extramarital con Isabel la Negra, hace vislumbrar a su esposa los destellos de la sexualidad plena y no regulada como la realización de la existencia femenina en los espacios de lo ilegítimo. De esta manera, la sexualidad deviene en el Deseo de Ser en el ámbito territorializado del Deber-Ser. De allí surge la subyugación de la mujer blanca por la mujer negra y, significativamente, el deseo de fundirse en ella se inaugura con la adopción de un barniz de uñas, elemento típico de la sub-cultura de la mujer. El rojo vivo del Cherries Jubilee marca así un desplazamiento racial hacia lo sexual femenino liberado, explícitamente señalado por las connotaciones de «cherry», significante que alude a la vagina.

Si, al principio del cuento, ambas mujeres se representan como la figura de un Doble, latente en la aseveración de que debajo de cada dama de sociedad se oculta una prostituta y que cada prostituta es una dama en potencia, la elaboración fantástica de su desenlace hace que Isabel la Negra absorba a Isabel Luberza haciéndola adquirir una verdadera identidad. En una significativa apropiación del discurso de San Pablo que alude a la imagen del espejo enturbiado como limitación del conocer y la perfección, Isabel la Negra, por su sexualidad no regulada, es la verdadera luz, aquel fragmento soterrado de la existencia femenina que, al absorber a Isabel Luberza, completa su identidad mutilada. Por otra parte, Isabel la Negra quien, a nivel histórico representa lo Otro dominado, posee en este relato el poder de Sujeto constituyente de un Otro femenino cuya alteridad ha sido enmascarada por el repertorio simbólico de una hegemonía blanca y masculina que, en sus mecanismos de poder, enaltece la albura de lo puro.

---

6   Consultar, por ejemplo, el completo análisis de este fenómeno que hace Debra Castillo en su libro *Talking Back: Toward a Latin American Feminist Literary Criticism*. (Ithaca: Cornell University Press, 1992).

Es también a partir de lo femenino subordinado que Rosario Ferré elabora una posición de resistencia con respecto a la imposición de la cultura norteamericana en Puerto Rico. Para la perspectiva de la autora, el consumismo como actividad impuesta por los intereses económicos de los Estados Unidos no sólo despoja a la sociedad puertorriqueña de un ethos cultural sino que también hace de sus miembros seres acartonados, figuras "kitsch" dominadas por un snobismo que transforma lo norteamericano en artefacto grotesco, en un pastiche carente de valores. Toda posibilidad de una verdadera transculturación se transforma así en un cauce de aguas degradadas. Rosario Ferré concibe la circunstancia histórica de Puerto Rico como un terreno de tensiones entre lo agrario español y lo industrial norteamericano. El polo dominado que se enlaza a lo natural conlleva en su narrativa los signos de lo femenino, igualando así la situación de la mujer a la de un Otro colonizado.

En el cuento titulado «La muñeca menor», las chágaras que crecen en la pierna de la tía crean una «sustancia pétrea y limosa» (p.9), «(una) inmensa vejiga abotagada que manaba una esperma perfumada por la punta de sus escamas verdes» (p.13). Allí enroscadas permanecen en la gruta de su rodilla del mismo modo como, en el cuerpo de las muñecas hechas por la tía, yace la fibra de la guata mezclada con miel. A lo primordial oculto y latente se opone «la silueta de papel» (p.13) del joven médico educado en los Estados Unidos que se casa con la hija menor y se la lleva a vivir a «una casa encuadrada dentro de un bloque de cemento» (p.14). Como objeto de ostentación, la joven es exhibida frente a la clientela que paga al marido honorarios exorbitantes sólo para poder ver de cerca a un miembro legítimo de la extinta aristocracia cañera. En el texto se dice: «Cuando los pacientes de su marido, colgados de collares, plumachos y bastones, se acomodaban cerca de ella removiendo los rollos de sus carnes satisfechas con un alboroto de monedas, percibían a su alrededor un perfume particular que les hacía recordar involuntariamente la lenta supuración de una guanábana. Entonces les entraban a todos unas ganas irresistibles de restregarse las manos como si fueran patas» (p.15). Significativamente, lo femenino asociado con el agua y todo lo vegetal constituye en este cuento el contratexto de la transculturación impuesta. Es, en efecto, la amenaza oculta contra los impulsos masculinos de un civilizar/colonizar en su modalidad norteamericana que adscribe a lo nativo invadido una primitividad susceptible a ser modificada. De la misma manera, en «Marina y el león», la trinitaria, la guacamaya y el samán representan las fuerzas primordiales indomables. En el caso del samán, por ejemplo, en el texto se dice: «El samán era conocido desde los tiempos de los conquistadores por sus supuraciones nocturnas, a causa de las cuales evitaron siempre dormir debajo de la copa, alegando que amanecían empapados por los excrementos de las cícadas» (pp.100-101). Marina, como mujer que se opone al modo de vida de Antonio subyugado por el sistema norteamericano, es asimismo el signo de esta naturaleza reprimida por los artefactos del consumismo y las extravagancias de una nueva burguesía colonizada. Y como fuerza primordial seduce a Marco Antonio sobre un lecho de pétalos: «... ella le enroscó al cuello las lenguas de papel de seda púrpura de los capullos para divertirlo, para demostrarle cómo era que se hacía el amor antes de que él lo convirtiera en un paraíso de nieve de yeso, en un mar que se podía pulir de orilla a orilla en estepas de lapizlázuli, en una laguna de aguas podridas, bordada de lentejuelas». (p.103). Así, el fuego que consume aquella casa habitada por el poder invasor norteamericano simboliza la fuerza purificadora y regeneradora de una transculturación abortada.

En el caso de «La muñeca menor», el leit-motif del Doble se elabora en la corriente dual de la imagen especular y la metamorfosis. Utilizando el simbolismo tradicional de la muñeca, Rosario Ferré hace de este motivo el signo de la mujer como objeto de adorno que, en su pasividad, resulta ser propiedad del hombre. Simultáneamente, la muñeca, al estar rellena de guata y de miel, conlleva los signos de una femineidad reprimida en la cual no sólo prevalecen los impulsos de lo natural sino que también en ella yace la corriente subterránea de la ira como manantial de una praxis vengadora. Al final del cuento, la esposa del médico con su pasividad y su piel aporcelanada lleva dentro de sí un lejano rumor de agua y, por las cuencas vacías de sus ojos, salen las antenas furibundas de las chágaras.

Este margen iracundo es un sinónimo de la resistencia de todo lo femenino a las diversas modalidades asumidas por el poder. Es un margen que se resiste a la transculturación impuesta por el coloniaje, es la fuerza reprimida por un poder falocéntrico en un devenir histórico de agresiones colonialistas en cuya base ha subyacido siempre una estructura patriarcal que, voluntariamente ignorando la pluralidad esencial de la verdadera transculturación, ha impuesto una venda y una mordaza a la experiencia femenina del mundo. La escritura de Rosario Ferré, al develar los espacios marginalizados de la mujer, denuncia así aquellos vacíos creados por una epistemología androcéntrica que ha aniquilado, a nivel teórico y vivencial, la posibilidad de una transculturación genérica en la cual hombre y mujer se podrían enlazar en un diseño más equitativo y simétrico.

EL BAÚL RECEPTÁCULO DE LA VIDA SUBCONSCIENTE Y VEHÍCULO DE LA EMANCIPACIÓN FEMENINA EN *TESTIMONIOS SOBRE MARIANA*

Patricia Rosas Lopátegui
Albuquerque Technical Vocational Institute

James Casey Reed
University of New Mexico

El tema del exilio es una de las constantes en la obra de Elena Garro. Es bien sabido que la misma escritora mexicana ha sufrido el ostracismo debido a la reacción tradicional que levantó su postura feminista de igualdad política y económica para ambos sexos y todas las clases sociales.[1] El exilio experimentado por la autora en diferentes aspectos de su vida se refleja a lo largo de su producción literaria. En la obra de teatro *Andarse por las ramas*,[2] la sociedad confina a Titina

---

1 El ostracismo al que Elena Garro fue condenada parece ser que obedeció a dos razones; una, por ser mujer y con talento artístico, y la otra por su participación activa en defensa de los campesinos despojados de sus tierras por los latifundistas. Sus constantes ataques al gobierno totalitario mexicano la hicieron presa fácil de los políticos en el poder durante los acontecimientos de 1968. Se le acusó de encabezar un complot para derrocar al gobierno de Díaz Ordaz con el fin de acabar con ella. En ese año comienza el más terrible de los ostracismos para Elena Garro. Sin embargo, parece ser que esta marginación no sólo obedeció a asuntos políticos, sino también personales. En la entrevista de Carlos Landeros, «En las garras de las dos Elenas», *Los narcisos* (México: Editorial Oasis, 1983) 103-134, Garro menciona que un sobrino de un político echeverrista muy importante le dijo que quien pedía su cabeza no era Echeverría, sino Octavio Paz (112-113). Helena Paz, en la misma entrevista, considera a su padre un tirano que no quería que su madre (Elena Garro) existiera como intelectual (130).

2 «Andarse por las ramas» en *Un hogar sólido* (México: Universidad Veracruzana, 1958).

a la soledad y al aislamiento por rechazar el autoritarismo de su marido; en la mayoría de los relatos de *Andamos huyendo Lola* [3] madre e hija sufren el exilio político y viven marginadas bajo una tensión psicológica que las va deteriorando, pero logran salir adelante gracias al poder de su imaginación que las alivia del ostracismo; en *La casa junto al río* [4] la guerra civil española expulsa del país a Consuelo y a su familia creando una crisis de identidad en la protagonista, quien al regresar al pueblo de sus orígenes es asesinada por aquellos que robaron su herencia, reencontrándose consigo misma y con los suyos en la muerte, único camino que le deja la sociedad materialista en la que vive.

En este artículo nos proponemos examinar el tema del exilio en *Testimonios sobre Mariana* en donde Garro lo usa en un continuo de significados. En un extremo está el exilio que sufre el personaje central siendo hija de un oficial zarista, pues el triunfo de la revolución bolchevique la obliga a romper los lazos con sus orígenes y la victimiza; y en el otro, el exilio que ella se impone al abandonar a un grupo social y cultural opresivo dejando atrás el pasado negativo, tratando infructuosamente de lograr su emancipación. Lo que tienen en común los dos extremos del continuo a nivel psicológico es la repetición de los mismos actos en la búsqueda por resolver la función de la familia, del amor y de la identidad.

El baúl es el símbolo universal de esperanza materna que Elena Garro utiliza para encapsular los procesos complejos de la identidad que se desarrollan durante la vida de la protagonista. Más específicamente, para Mariana el baúl representa la búsqueda por satisfacer y desarrollar el potencial humano, la vida profesional y el amor. También vamos a ver que el baúl y su contenido simbolizan la deshumanización y la obstaculización del potencial humano cuando la persona es reducida a ser un objeto. Decimos esto porque Mariana es representada a través de sus esperanzas frustradas condensadas en los objetos guardados en el baúl y no a través de sus logros personales. Garro utiliza la metáfora del baúl como símbolo de la esencia de Mariana

---

3   *Andamos huyendo Lola* (México: Editorial Joaquín Mortiz, 1980).
4   *La casa junto al río* (México: Editorial Grijalbo, 1983).

para indicar que la sociedad materialista y masculina chauvinista continúa hasta hoy día percibiendo a la mujer como un objeto.

La autora expone el asunto del exilio en el segundo de los tres testimonios. El lector entra en contacto con el baúl a través de Gabrielle, narradora de este relato. Gabrielle entra en la historia cuando la protagonista le consigue un puesto en la oficina de su esposo Augusto, desempeñando un rol materno para la pareja. Este papel la coloca en la posición de ser responsable de sus «hijos», sobre los que no tiene ningún poder. Gabrielle se debate entre los aspectos positivos y negativos de la pareja. Por un lado se siente atraída por Augusto como arqueólogo y diplomático famoso, quien a los ojos de la narradora a veces es agradable y lo idealiza, y por otro, relata el abuso, el terror y la persecución que le inflige a Mariana. También muestra el favoritismo y la fidelidad a su jefe cuando concuerda con él y actúa como una de sus agentes en la persecución en contra de su amiga. En la narración de Gabrielle, Mariana adquiere las características de una niña irresponsable, herida, y las de una mujer seductora y potencialmente peligrosa para Augusto. Vamos a ver que el baúl es el símbolo usado como mecanismo para revelar los recuerdos y los miedos de estos personajes en sus relaciones interpersonales.

A través del testimonio de Gabrielle el lector descubre el pasado de Mariana:

> ... supe que Mariana era la hija de un oficial zarista y de una señora de San Petersburgo que huyeron al Extremo Oriente después de la derrota sufrida por el Ejército Blanco. Irina los encontró en Shangai cuando la pequeña *troupe* de ballet de Ana Pavlova pasó por esa ciudad y se prendó de la pequeña Mariana, espectadora harapienta que seguía a los bailarines por todas partes. Hubo una reunión y decidieron adoptar a la pequeña familia perdida en la miseria. Mariana se convirtió en su discípula predilecta. Entró primero en los coros y enseguida pasó a segunda figura. Empezaba su brillante carrera, cuando en una gira a Sudamérica, Augusto la conoció y se empeñó en casarse con ella, después de prometer solemnemente que no se opondría a que Mariana continuara en el ballet. ¡Fue el fin! Mariana no salió de aquel país. «Sus padres fueron a buscarla y

nunca salieron» ..., escuché decir a Vasily... Preferí no mirar a los dos viejos inclinados sobre su pasado, me pareció estar en un lugar insólito en donde se corría un telón para dejar ver un hermoso espectáculo invisible: el sencillo y trágico misterio de la vida de Mariana. (278-279)[5]

Garro traza el curso del mapa de la familia exiliada y su efecto en los procesos complejos en la formación de la identidad. El exilio le produce a Mariana desorientación, dejándola sin raíces culturales. La vida con sus padres en países extranjeros se desarrolla sin seguridad y sin estabilidad, lo que le impide identificarse adecuadamente con ellos. Sin embargo, los comienzos trágicos en el exilio le dan a Mariana la oportunidad de encontrarse a sí misma en el ballet. «La pequeña *troupe*» de bailarines se convierte en la familia ideal para Mariana, o toma el lugar de la familia traumatizada por el exilio.

Durante la infancia y la adolescencia las cargas afectivas residuales son claves para formar la identidad. D.W. Winnicott[6] dice que el medio ambiente proporcionado en el que crece el individuo debe ser seguro y digno de confianza, y no en transición o con cambios continuos. Cuando no es seguro ni estable, la persona tiene que adaptarse al medio ambiente facilitado para formar los procesos de maduración, y esto le ocasiona desorientación y conflicto. Winnicott señala también que si el niño es despojado de un medio ambiente positivo experimenta una fuerte pérdida.[7] En otras palabras, cuando las necesidades infantiles no pueden ser satisfechas después de haberlas tenido cubiertas, el niño sufre de efectos negativos o traumas en el proceso de maduración.

Este es el proceso que vive Mariana. El exilio la deja sin casa, sin raíces, sin el medio ambiente adecuado. Para Gaston Bachelard:

---

5 *Testimonios sobre Mariana* (México: Grijalbo, 1981). Todas las citas de la novela corresponden a esta edición y el número de página aparece al final de cada nota.
6 D.W. Winnicott, *The Maturational Processes and the Facilitating Environment*, 11th. ed. (Madison: International Universities Press, 1988) 135.
7 Winnicott 134.

«La casa natal es más que un cuerpo de vivienda, un cuerpo de sueño» que sostiene «en sus brazos» a la infancia inmóvil. [8] De acuerdo con él, la casa es el primer universo del ser humano: «... es el cuerpo de imágenes que dan al hombre razones o ilusiones de estabilidad.» [9] En ella coexisten la seguridad y la aventura porque la casa es celda y es mundo a la vez. Garro usa hábilmente la metáfora del baúl para representar la casa natal y el medio ambiente adecuado de la protagonista. El baúl verde simboliza la esperanza de Mariana de tener una casa que permanezca con ella para sentirse unida a sus raíces.

Una vez que Mariana se casa con Augusto, su brillante carrera de bailarina se trunca. A través del matrimonio continúa el trauma experimentado con su familia exiliada. Cuando Augusto le impide bailar, es exiliada de la vida profesional. Mariana permanece atada a su marido a pesar de que la controla y no la apoya en ningún aspecto de su vida, porque necesita el matrimonio para reconstruir las experiencias vividas con su familia en una repetición compulsiva. [10] Así, las experiencias trágicas se acumulan paralizándola emocionalmente y formando una identidad en conflicto. Gabrielle dice:

> La vida de mi amiga no era su propia vida, estaba determinada por personajes que se acercaban a ella, dejaban su huella y desaparecían. Mis recuerdos de Mariana son dispersos y están siempre en relación con grupos o personas inesperadas, que la colocaban en situaciones imprevistas, quizá porque ella carecía de apoyos sólidos y se movía entre aquellas gentes con el sonambulismo de las personas sin raíces, sin dinero y sin familia. (194)

---

8   Gaston Bachelard, *La poética del espacio*, (México: Fondo de Cultura Económica, 1975) 46.
9   Bachelard 48.
10 La repetición compulsiva es la necesidad de reconstruir un evento del pasado para reparar o deshacer un trauma. El pasado es regenerado en el presente con la creencia falsa de que el pasado se puede reparar en el presente. Puesto que esto no puede llevarse a cabo, el patrón se repite mediante una cualidad compulsiva con el propósito de modificar el motivo del dolor sufrido a causa de recuerdos traumáticos.

De las palabras de la narradora se desprende el sentimiento de que Mariana no ha podido ser ella misma. La huella que dejan en la protagonista las personas con las que se relaciona es metáfora de las características únicas que cada individuo ha impreso en ella y en su vida. Estas huellas representan las introyecciones [11] y los objetos internalizados[12] que Mariana ha hecho parte de su personalidad. Según Gabrielle, su amiga se encuentra casi siempre desconcertada, deprimida o desorientada. La identidad en conflicto de Mariana la lleva a sufrir una vida sonámbula en su matrimonio, y la hace vulnerable ante su esposo quien la reduce a un objeto sexual hermoso para atraer y complacer a sus amigos. El sí mismo social [13] de Mariana es tan fuerte y necesario para sobrevivir socialmente y en su matrimonio que el sí mismo verdadero sólo vive en sueños.

Sin embargo, según Gabrielle, Mariana solía repetir: «'Desapareceré algún día,'...» (252). Esto indica que ha planeado dejar atrás el doloroso pasado vivido con Augusto. Dos días antes de desaparecer,

---

11 Las introyecciones son los aspectos de la personalidad que son forzados en el individuo para ser amado o aceptado. El niño introyecta los valores o puntos de vista de sus padres o figuras importantes con el fin de sentirse querido o ser aprobado por ellos. Como un actor que representa su papel en el teatro, una persona que sufre de introyecciones tiene un rol que jugar a través de su personalidad durante su vida cotidiana.

12 Los objetos internalizados son el producto de las relaciones personales que se han convertido en parte del individuo. Diferentes aspectos de la personalidad del padre y de la madre se hacen parte de la personalidad del niño. No son parte de un rol o imitaciones que el niño tiene que jugar, sino que se han convertido verdaderamente en parte de su personalidad.

13 Winnicott 133. «El concepto del sí mismo falso (como yo lo llamo) no es difícil. El sí mismo falso se construye a base de obediencia. Puede tener una función defensiva para proteger al sí mismo verdadero. El principio que rige la vida humana puede ser formulado en los siguientes términos: sólo el sí mismo verdadero puede ser auténtico, y nunca debe ni ser afectado por la realidad externa ni obedecer. Cuando el sí mismo falso es explotado y tratado como si fuera real, crece en el individuo el sentido de futilidad y desesperación.
Naturalmente en la vida del individuo hay diferentes grados en la existencia del sí mismo verdadero y falso. Es común que el sí mismo verdadero sea protegido, conservando algo de vitalidad, en tanto que el sí mismo falso cumple con el rol social. En el extremo de lo anormal, el sí mismo falso puede ser fácilmente confundido por el real, en este caso el sí mismo real se encuentra bajo amenaza de ser aniquilado; el suicidio se convierte entonces en la solución para el sí mismo verdadero.» (La traducción es nuestra).

Mariana le pide a Gabrielle que saque del apartamento de Barnaby un baúl verde y coloque otro igual pero vacío. Barnaby es otro de los agentes de Augusto en su tarea de oprimir a Mariana, y amante de ésta a instancias de su marido. El baúl que deja Mariana en el apartamento de Barnaby contiene un mensaje concreto para Augusto. Es el día de su emancipación. Gabrielle relata lo sucedido en la oficina de su jefe dos días después de haber intercambiado los baúles:

> -Gabrielle ¿podría usted darme una explicación sobre ese baúl?
> Seguí con la vista el gesto de su mano y encontré el baúl que acababa de depositar en la casa de Boris.
> -¡Abralo! -me ordenó.
> ... Lo abrí y lo encontré lleno de periódicos.
> -Observe que todos llevan la fecha de la desaparición de Mariana -explicó Augusto. (234)

El pasado queda representado por el baúl falso, cuyo contenido alude a la liberación de Mariana. Este baúl es símbolo del sí mismo falso, y los periódicos representan la fecha en que el sí mismo verdadero no puede tolerar más la opresión de la vida bajo el dominio del falso. Esta es la manera dinámica en que Garro describe la complejidad y el dolor de la separación que confronta Mariana, pues al mismo tiempo la protagonista siente la necesidad de ser amada, ser socialmente aceptada y poder culturalmente identificarse con otros.

Mariana desaparece dejando el baúl auténtico con Gabrielle. Esta, después de que su amiga desaparece, teme que Augusto se entere de su complicidad con Mariana y la despoje de su empleo. Así que lo lleva a la casa de Boris, uno de los rusos exiliados amigo de la protagonista. A la muerte de éste cinco años después de la desaparición de Mariana, Vasily le regresa el baúl a Gabrielle. La narradora entra nuevamente en conflicto: se siente avergonzada porque no ha sido la amiga fiel, no ha correspondido al amor y a la confianza de Mariana, y al mismo tiempo, tiene que seguir cuidando su posición con Augusto. Gabrielle recoge su diálogo con Vasily, otro amigo ruso de Mariana: «-Llévelo a su casa, Mariana la quiso tanto a usted... me dijo Vasily.

Me avergonzaron sus palabras y me rehusé. No deseaba complicaciones con Augusto después de tanto tiempo y preferí llevarlo a la casa de Irina» (277).

Gabrielle abre finalmente el baúl acompañada de los amigos de Mariana y nos describe cada uno de sus objetos. El primer secreto que extraen del baúl/útero/casa tiene que ver con la infancia: «En su interior encontramos a varias muñecas viejas envueltas en papel de seda, algunas eran de Natalia y otras orientales. Habían pertenecido a Mariana, ...» (277). Las muñecas representan la niñez y la maternidad. Son símbolo del interés por aprender el rol como mujer y como madre. De acuerdo con Winnicott [14], el juego con las muñecas significa el desarrollo de madre/mujer objetos internalizados. Cuando una de ellas le guiña un ojo a Gabrielle, es como si Mariana la hiciera una vez más su cómplice en contra del autoritarismo de Augusto. La narradora cuenta: «Las muñecas me miraban con fijeza y de pronto una de ellas me guiñó un ojo» (279). Aquí el lector tiene la oportunidad de descifrar el simbolismo conectado con el baúl. Recordemos que la última vez que Gabrielle ve a Mariana es cuando le pide que saque el baúl de casa de Barnaby, y en aquel momento su amiga le guiña un ojo: «-A las cinco de la tarde saldré con Barnaby. Usted entra, saca el baúl que está frente a la ventana de mi cuarto y deja éste -me dijo guiñándome un ojo y mostrándome un pequeño baúl verde...» (124).

El guiño es la herramienta usada por Garro para mostrar las introyecciones que Mariana crea para sentirse amada por su objeto materno Gabrielle. La narradora es forzada a ser parte de la conspiración de su amiga y guarda el baúl de Mariana, como una madre protegería a su hija. De esta manera Gabrielle recibe el amor de Mariana y ésta se siente amada por su amiga.

El otro guiño de la muñeca corrobora las palabras dichas por Vasily sobre la fugacidad de la existencia: «`La vida es un cerrar y abrir de ojos´, dijo Vasily. Volví a mirar a la muñeca oriental de ropas harapientas y comprobé que continuaba mirándome con fijeza...; volvió a guiñarme un ojo» (279). El traje harapiento de la muñeca refleja

---

14   D.W. Winnicott, *Playing and Reality*, (New York: Routledge, 1989) 1-14.

la pobreza a que fue reducida la vida emocional de la protagonista: le arrebataron su país, sus raíces, su infancia, sus esperanzas artísticas.
El segundo secreto son las zapatillas de ballet:

> Vi que Irina sacaba del baúl varios pares de zapatillas de baile, algunas más pequeñas que las otras. Reconoció dos pares y los contempló con amor.
> -Las primeras puntas de Natalia... -exclamó.
> -¿Y esas otras? -pregunté señalando unas muy viejas atadas a las de Natalia.
> -Son las primeras puntas de Mariana. La costumbre es conservarlas...
> De aquellas zapatillas de seda desgarrada se desprendía una enorme tristeza que invadió la habitación y la pobló de fantasmas. (277-278)

Las zapatillas de ballet simbolizan la identificación de Mariana con sus raíces rusas, su identidad e individualización, así como sus aspiraciones frustradas de ser una artista, de desarrollar su espíritu creativo. Mariana casi siempre viste zapatillas de ballet. Gabrielle lo anota en varias ocasiones: «Llevaba el cabello rubio suelto sobre los hombros, usaba pantalones y calzaba unas viejas zapatillas de ballet» (138-139). Esto revela la esperanza de Mariana de poder ser ella misma y no lo que Augusto quiere que sea. Según Gabrielle, Augusto dice de Mariana: «-Me odia porque no comparto su admiración por el ballet, ese arte decadente, síntoma de la posibilidad de un peligroso bonapartismo» (146-147). El comentario de Augusto refleja más que nada su rol de pequeño dictador con Mariana. Augusto usa la racionalización como defensa para reducir su culpa por atacar a su mujer y no dejarla ser ella misma. Recordemos que éste le prohíbe bailar y que lleve a su hija Natalia a clases de ballet. Sin embargo, a veces Mariana escapa a la vigilancia de su marido y, en secreto, Natalia asiste a clases de danza. El proceso de introyección queda descrito cuando Mariana revive su pasado y la esperanza de ser una bailarina al llevar a su hija a las lecciones de baile, y Natalia acepta esta introyección para recibir el amor de su madre. Las zapatillas de ballet guardadas en el baúl representan la formación de la identidad de Mariana durante su niñez, sus esperanzas de adulta y la relación con su hija como madre.

El tercer secreto guardado en el baúl son las cartas de Vicente: «La sorpresa la hizo soltar un enorme paquete que se desparramó en el suelo llenándolo de cartas azules y todos supimos que eran las cartas de Vicente» (279). Las cartas representan el amor perdido o el amor ideal. La relación Mariana/Vicente está fincada en el fracaso, pues los dos estaban casados. La fantasía del amor ideal es todo lo que queda de esta relación simbolizada en su correspondencia. Mariana mantiene su fantasía de lo que es el amor a través de las cartas, y necesita dicha fantasía debido a la relación negativa que tiene con Augusto. Las cartas simbolizan la esperanza de que hombres y mujeres encuentren la manera de amarse en una relación real y no en una ideal.

Sólo en el último párrafo del testimonio la narradora nos comunica la existencia del diario de su amiga: «También guardo el diario de Mariana, estaba en el fondo del baúl, se lo dejaré a Gérard cuando yo muera, será hermoso que alguien sepa la trágica verdad sobre una bella desconocida, antes no se lo daré a nadie, ...» (282). El diario significa el propósito de organizar las experiencias de la vida para entenderla mejor. El hecho de que el diario se encuentre escondido en el fondo del baúl puede ser metáfora de que los problemas de Mariana están escondidos en el inconsciente y de que nadie puede asomarse a él, lo cual habla a la vez de sus esperanzas y deseos de que alguien lo descubra y pueda ser amada y comprendida. Garro indica que conocerla y comprenderla resulta fundamental para poder amar su sí mismo verdadero.

Vemos que los tesoros tan celosamente guardados por la protagonista nos revelan que el baúl está conectado con el exilio de su pasado y la emancipación de su presente. El baúl símbolo de la casa natal representa el pasado mezclado con el presente y las expectativas para el futuro. Mediante este símbolo Garro muestra la manera en que Mariana confunde las tres fases temporales. Esto se explica porque como dice Bachelard: «... la casa es uno de los mayores poderes de integración para los pensamientos, los recuerdos y los sueños del hombre.» [15] Sin embargo, Garro lo carga también de una simbología positiva en el presente de la desaparición porque el hecho de que Mariana se vaya sin el baúl símbolo de los sueños irrealizables, indica la resolución de la repetición compulsiva. Mariana deja atrás las esperanzas frustradas del pasado y se lanza a la búsqueda de nuevos derroteros.

Ahora bien, el punto de vista de Garro no es del todo optimista, como tampoco lo es en todos los casos la situación de la mujer en la sociedad contemporánea. En el tercer testimonio encontramos que Augusto sigue persiguiendo a Mariana a través de sus agentes, acorralándola, cerrándole todas las posibilidades de iniciar una vida nueva e independiente. Esta presión psicológica lleva a Mariana al suicidio. Mediante el final negativo, Garro nos muestra cómo la sociedad machista sigue castigando a la mujer que rompe con el rol tradicional pasivo que la oprime y se atreve a ser ella misma. Al señalar los alcances negativos de la opresión del hombre sobre la mujer, nos hace conscientes de que la lucha por los derechos femeninos no está todavía concluida.

Podemos decir que a diferencia de las escritoras que mediante desenlaces positivos retratan los logros de la mujer en la sociedad presente, Garro analiza el lado oscuro de la realidad que aún sigue padeciendo la mujer hoy en día. La autora ha dicho en más de una ocasión que en Mariana no sólo ha encapsulado parte de sí misma, sino también de otras mujeres que conoció víctimas de la opresión masculina.[16] Sin embargo, a través de Mariana nos muestra el valor de la nueva mujer que rompe con el autoritarismo del hombre, no importando el precio que tenga que pagar, mientras la sociedad machista en

---

15   Bachelard 36.
16   «Sí, hay partes de Mariana en que me reconozco... pero hay partes de Mariana en que no... las he sacado de una amiga...» Elena Garro, entrevista, Patricia Rosas Lopátegui, *Hispamérica*, diciembre 1991, 67. También en una carta a Emmanuel Carballo, Garro alude a estas amigas perseguidas por sus esposos y que aparecen condensadas en Mariana o en relación con Mariana. *Protagonistas de la literatura mexicana* (México: Ediciones del Ermitaño/SEP, 1986) 517-518.
17   Rosario Castellanos, «Meditación en el umbral», *Meditación en el umbral. Antología poética*, com. Julián Palley (México: Fondo de Cultura Económica, 1985) 73.

la que vive no le permita encontrar «otro modo de ser, más humano y libre»,[17] como proclamó Rosario Castellanos.

Aunque Elena Garro ha negado ser una escritora feminista,[18] quizás porque rechace la idea de ser clasificada, sin duda se trata de una autora que ha combatido por la emancipación de la mujer, no sólo a través de su literatura, sino a lo largo de su azarosa vida. Entre la vida y la obra de la escritora mexicana no hay discordancia. La clave está en que para Garro, como lo vemos en Mariana, lo importante es cuestionar y no aceptar pasivamente los roles impuestos por la sociedad y, consecuentemente, asumir la responsabilidad de nuestros actos. Como contestaba la escritora a su padre desde sus rebeldías de niña: «¿No tienes remordimientos?» «No, no tengo remordimientos... Más bien, todavía no los tengo.»[19]

Mediante los planteamientos ideológicos plasmados en su obra, Garro nos brinda un nuevo camino a seguir. En él no tienen cabida los «remordimientos» por desafiar los prejuicios sociales o cualquier forma de tiranía. Lamentablemente el precio para Elena Garro ha sido el ostracismo, pero con fortuna para sus lectores seguirá combatiendo la marginación de la mujer de manera indeleble, como lo siguen haciendo Sor Juana Inés de la Cruz y Rosario Castellanos unidas en la misma causa.

---

[18] Elena Garro, entrevista, Carlos Landeros, «Con los recuerdos de Elena Garro», *El Día*, 9 de abril, 1964.
[19] Elena Garro, carta a Emmanuel Carballo, 29 de marzo de 1980, *Protagonistas*, 499.

LA MUJER HABITADA DE GIOCONDA BELLI: LOS OTROS DENTRO DE SÍ, Y LA REPRESENTACIÓN DE LA MUJER NUEVA

Gabriela Mora
Rutgers University

«Las mujeres entrarían a la historia por necesidad» (LMH, 322).

Uno de los usos frecuentes de los vocablos otredad y Otro pone de relieve la oposición entre amo/esclavo; colonizador/colonizado; hombre blanco/hombre de color; hombre/mujer.[1] En otras palabras, el Otro en esta acepción representaría al ser diferente que, por serlo, ha sido subordinado; objeto y no sujeto de la Historia. Pero hay otra connotación de dichos vocablos, de recurrencia menos asidua hoy, más popular en años anteriores en que Freud y ciertos esquemas psicológicos eran menos disputados. Hablo del fenómeno de la fragmentación del Yo individual o sea del Otro dentro de sí mismo. Es este fenómeno el que me interesa escudriñar en la novela *La mujer habitada* (LMH), de Gioconda Belli, que en cierto modo combina en su elaboración los dos empleos citados, en una intención que vemos inclinada hacia la integración y no a la dicotomía. Esta intención estaría apoyada en la perspectiva política con que se construyó la novela, que a nuestro juicio abarca más allá de la contingencia histórica de su producción para afirmar positivamente rasgos semejantes de sexos,

1 Lady Rojas-Trempe, en «La alteridad indígena y mágica en las narraciones de Elena Garro, Manuel Scorza y Gioconda Belli» (*Alba de América*, 9, 16-17 (1991), 141-152), afirma que «el indígena es el Otro que altera y perturba la conciencia identificatoria de los hispanoamericanos.»

que presenta la obra. Esta exploración dejará ver, al mismo tiempo, el cambio en la imagen de la mujer que se proyecta en el libro, imagen asociada a las nuevas funciones sociales que desempeña.

Como la división del yo de la protagonista, toca cuestiones discutidas por el feminismo, pondremos atención en algunas de ellas. Por otro lado, no nos ocuparemos de otros aspectos importantes del libro, como son su estructura y su modalidad realista/poética, o los que conciernen a su basamento náhual, estudiados lúcidamente por María Salgado el primero, y por Rojas-Trempe, el segundo. [2]

Como es sabido, Freud usó la frase «escisión del yo» (Spaltung) para referirse al fenómeno de la división del yo dentro de sí, sobre todo debido a la represión de los deseos del ser humano. Reconociendo la vaguedad de la explicación del sabio, Laplanche y Pontalis sostienen que para Freud el ego contiene una parte que observa y otra observada (428), y que la «coexistencia en un solo sujeto de dos actitudes contrarias e independientes» es característica de la teoría psicoanalítica individual (429).

El adjetivo *habitada* del título de la novela de Belli, es indicio ya de la posibilidad duple: una mujer lleva a Otro en sí, Otro que aquí sagazmente se elabora como mujer e indígena. Esta Otra que se encarna en Lavinia, la protagonista, representa una especie del inconsciente colectivo maya que permite al lector contemplar el continuum de la lucha del pueblo nicaragüense contra la tiranía, y el de la posición de la mujer a través de los siglos y de las culturas, los dos carriles ideológicos más aparentes del libro. [3] La india Itzá puede leer en la mente y sentimientos de Lavinia porque es Otra pero a la vez parte de la joven. Sus comentarios sobre los estados emocionales de la muchacha son una voz del subconsciente de Lavinia que la ayuda a aclarar esos

---

(2) María Salgado, «Gioconda Belli, novelista revolucionaria», *Monographic Review/Revista Monográfica*, VIII, 1992, 229-242.

(3) La novela es extraordinariamente rica en cuanto a los asuntos que toca. Uno que nos parece muy importante y al cual no entramos aquí es la enorme diferencia de clases que divide a Lavinia de Lucrecia, su empleada doméstica. Sobre esto, una de las más extraordinarias escenas del libro ocurre en un hospital donde Lucrecia se cura de un aborto, y Lavinia reflexiona sobre la pobreza, mirando los pies de los humildes que la rodean (148).

estados, y la empuja en las direcciones que corresponden a su Yo más auténtico.

La acción de «habitar» a Lavinia es compleja y va más allá de una re-encarnación. Itzá acentúa que ella no es Lavinia, pero al mismo tiempo señala cómo de «extraña manera» la joven es su «creación»:

> Siento la sangre de Lavinia y me invade una plenitud de savia invernal, de lluvia creciente. De extraña manera es mi creación. No soy yo. Ella no soy yo vuelta a la vida. No me he posesionado de ella como los espíritus que asustaban a mis antepasados. No. Pero hemos convivido en la sangre y el lenguaje de mi historia, que es también suya... (121-122).

El fenómeno del «habitar» como sugiere la cita, menos que uno de magia, como lo lee Rojas-Trempe, es más bien un medio muy hábil de cimentar esos dos carriles ideológicos mencionados.[4] El peso de la Historia a que aluden las palabras citadas se concretiza en la fábula de la novela en el hacer heroico de las dos mujeres en pro de la lucha colectiva, acompañada conjuntamente por la rebelión de ambas contra la opresión patriarcal, asunto sobre el que volveremos al final.

El texto se refiere explícita e innumerables veces a la división interna de Lavinia. Aunque en la historia la conocemos en el año crucial de su cambio definitivo espoleado por la contingencia política presente (la revolución sandinista), se puede colegir que en el pasado tuvo que luchar entre sus deseos de mayor autenticidad -alentados por el abuelo y la tía Inés- y las presiones sociales, empujada por su madre, representativa de la mujer tradicional, de la clase alta.[5] Desde las páginas iniciales se ve a Lavinia tratando de «entenderse a sí

---

[4] Estamos de acuerdo con Salgado en rechazar la asociación de Itzá con el «realismo mágico», y ver la participación de la india como parte de la crono visión maya, que es ideológica y no «mágica». (Nota 16, p. 240 del artículo citado).

[5] La tía Inés sustituye a la mujer distante y fría que es la madre de Lavinia, y es la que la empuja a estudiar e independizarse. El abuelo, por su parte, alienta en ella su lado imaginativo por medio de historias y lecturas.

misma» (46), precisamente porque se halla dividida por impulsos contradictorios. El primer episodio que la enfrenta a un guerrillero clandestino, la hace consciente de la diferencia entre lo que llama su «rebelión personal» (contra sus padres y medio social) para hacerse profesional e independiente, y la otra rebelión, la sandinista, que requería armas y podía ocasionar muertes (58). La narradora básica repite que en esos días Lavinia no entiende por qué lo que se refiere a las actividades subversivas se ha convertido para ella en «constante tentación e incitación inexplicable» (90). En una elaboración autorial más sofisticada que lo acostumbrado, la conversión política, resorte de la identidad, no es fácil ni rápida. Lavinia vive un «interrogatorio constante» entre «su yo racional» y su «otro yo» que ve «inflamado de ardores justicieros» que ella cree son productos de lecturas heroicas» (105). Su vida de joven de la clase acomodada, educada en Europa, que le ayudó a triunfar en su «rebelión personal» no da respuestas a la inquietud y descontento presentes, cuando los resabios conservadores de su formación todavía persisten. [6]

Dentro de los parámetros feministas con que sin duda está construida la novela, interesa recalcar que es una mujer ya incorporada a la guerrilla la que le va a dar a Lavinia las herramientas para comenzar a resolver la división que la confunde. Flor, a diferencia de Felipe, el amante revolucionario, es la que le proporciona las lecturas pertinentes, y más importante aún, es la que la juramentará como miembro definitivo del grupo rebelde, ya que ocupa un puesto en el liderazgo.

Importa acentuar la figura de Flor como mujer modelo y guía de Lavinia. Madura, inteligente, solidaria, Flor se ha hecho a sí misma a través de su aprendizaje y actos políticos, pese a que su infancia y primera juventud auguraban un futuro desastroso. [7] Al contrario de la protagonista, Flor tiene muy claro que aunque se parta con bases socioeconómicas incambiables a la hora de nacer («el terreno te lo dan

---

[6] Al comienzo de su relación, Lavinia se sorprende que Felipe tenga tanta confianza en sus compañeros revolucionarios porque ella no cree que la *naturaleza* humana sea tan generosa (126), típico pensamiento conservador.

[7] Flor fue violada por un tío, y vivió años una vida promiscua de sexo, alcohol y drogas, antes de ser «salvada» por un compañero político (97).

de nacimiento»), cada persona tiene participación y es responsable en la construcción de su ser (197). Con la descripción de estos dos personajes y su relación de intimidad, respeto y confianza, la obra socava el estereotipo literario de la rivalidad eterna entre mujeres, a la vez que se representa con seriedad la ingerencia del sexo femenino en los actos políticos, proyectando una nueva imagen.

Ya incorporada a las actividades antigubernamentales, las dudas internas de la joven, producto de la división de su yo, no cesan. Lavinia todavía se siente confusa y llora por «la muchacha despreocupada» que había sido, ahora «posesionada de una mujer que aún no encontraba identidad, propósito, seguridad» (114). La radical diferencia de su actuación en los distintos planos sociales hace que la joven a veces se sienta no sólo dos, sino tres personas: una para sus amigos y el trabajo, otra para el movimiento político, y una tercera para Felipe, su amante (131). En esta última faz, Belli teje con perspicacia la complicada situación que surge de la unión de un hombre con ideales y conciencia revolucionaria, pero todavía atado a «sueños» burgueses de tener una esposa tradicional, con una mujer que a la vez que va aprendiendo de la resistencia política colectiva, resiste también la subordinación de su sexo.[8] En otras palabras, la muchacha se va haciendo «revolucionaria» tanto en el frente público como en el privado, poniendo en acción la famosa consigna de que estas dos esferas son inseparables.[9]

Como se ve, una virtud de la novela es no simplificar procesos de cambios que son difíciles y dolorosos. Lavinia, mujer inteligente, acostumbrada a reflexionar sobre sus actos y sus deseos, sabe de la

---

[8] Felipe desea que Lavinia sea la «ribera» para descansar cuando él regrese de sus batallas, fenómeno que Flor llama «el reposo del guerrero» (98), que ambas ven como rasgo típicamente machista.

[9] Para Salgado, la novela es excepcionalmente «revolucionaria» por el «vitalismo feminista» y la «sinceridad» de la autora (231). Tanto este estudio como el de Timothy A. B. Richards, se refieren a la experiencia de Belli en la revolución anti-somocista, lo que nos exime de tratarla aquí. El trabajo de Richards: «Resistance and Liberation: The Mythic Voice and Textual Authority in Belli's La mujer habitada» se halla en Critical Essays on the Literatures of Spain and Spanish America, editado por Luis González del Valle y Julio Baena, Society of Spanish and Spanish American Fiction, 1991, 209-214.

«línea quebradiza de esa identidad (que está) naciendo en ella» (258). En el cuestionamiento de su entrega al movimiento subversivo, por ejemplo, se pregunta entre otras cosas, si ésta no es una manera de hallar entre sus compañeros revolucionarios el amor que cree no tuvo de sus padres. [10] Por otro lado, al ver con ojos diferentes «el comportamiento prepotente y paternalista» de los que están en el poder, la joven siente su clase social «como un fardo pesado» que le ha dejado «una identidad contaminada» cuyos residuos temía encontrar en sí (258).

A través de su progresivo aprendizaje, Lavinia se da cuenta finalmente que su sueño ha sido «subordinar la propia vida a un ideal más grande» (287), abierto mensaje contra el egoísmo individualista en que creció. A la manera de algunos de los héroes masculinos más famosos de la literatura, Lavinia comprende que su vida individual está enlazada indisolublemente con la patria, por la que está dispuesta a morir:

> Este paisaje era su noción de patria, con esto soñaba cuando estuvo al otro lado del océano. Por este paisaje podía comprender los sueños casi descabellados del Movimiento. Esta tierra cantaba a su carne y su sangre, a su ser de mujer enamorada, en rebeldía contra la opulencia y la miseria: los dos mundos terribles de su existencia dividida (288).

La mira feminista de la novela no deja, sin embargo, que el acto heroico que demostrará el compromiso político de Lavinia se dé con facilidad. Como dice el epígrafe que pusimos al comienzo de este trabajo, la joven va a entrar en la Historia por necesidad. En sus reflexiones después de la muerte de Felipe, expresa que sabe muy bien

---

10   Lavinia siente «desde muy niña que su madre no la quería» (180), carencia que la hiere profundamente, pese a su apariencia de despreocupación. La madre es otro retrato negativo de la mujer burguesa, rica, preocupada sólo por su belleza y el brillo social, que van elaborando más y más las autoras hispano americanas (Ferré, Angel, Peri Rossi, por ejemplo).

que esa muerte le ha dado la ocasión de probarse como guerrillera. La acción inminente en la cual desempeñará un papel de responsabilidad, no sólo será el calmante para su agudo dolor por la muerte de su amado, sino el momento en que reconciliará los fragmentos de su dividido yo anterior. En un nuevo estado de fortaleza y resolución, la joven reflexiona mientras espera la señal de partida que:

> Nunca pensó que pudiera sentirse así de plena, después de la muerte de Felipe. Pero estar allí... en medio de aquellas personas que se atrevían a soñar, le producía un suave calor interno, la certeza de haberse encontrado por fin, de haber arribado a puerto (320).

La nueva identidad que la «arropa y la calienta» tiene poco que ver con apellidos o posesiones o nostalgias del pasado (321), y mucho que ver con la confianza y la solidaridad entre los miembros del grupo revolucionario. Pero, en un vuelco también «revolucionario» en la tradición de los finales novelescos, la protagonista no sólo muere, matando a su vez, sino que la narradora nos dice que quedó una parte de Lavinia que no se reconcilió. Significativamente, esa parte corresponde a sus relaciones con Felipe, con lo que la obra propone que quizás la «guerra de los sexos» sea más difícil de resolver que las colectivas, cuando estas últimas tienen (como en este caso) un enemigo reconocido públicamente:

> Reconciliada de todo cuanto la afligiera durante meses, se decidió a aceptar, tristemente, el hecho de que únicamente en su relación con Felipe no hubo reconciliación. En el combate en que se enfrentaron, sólo la muerte los igualó. Sólo la muerte de Felipe le devolvió sus derechos, le permitió estar allí (321).

La tónica optimista que marca la novela no permite, sin embargo, que Lavinia vea esta irreconciliación como eterna. Por eso se dice que Felipe fue «un habitante del principio... de la historia, y que las cosas cambiarán más adelante» (321).

A este respecto, interesa destacar que en la obra los revolucionarios están descritos muy positivamente. Su machismo, del cual ellos están muy conscientes, se da en formas más insidiosas y sutiles que las acostumbradas a representarse en la literatura. Tanto Felipe como Yarince, los amantes blanco e indio, actúan paternalísticamente guiados por el afán de proteger a sus amadas. Porque la novela hace evidente que la actitud machista de la sociedad viene por las dos vías principales que formaron la nación -la india y la española. Como Lavinia, Itzá también tuvo que rebelarse contra una cultura que la destinaba sólo al ámbito doméstico, aunque ella se sentía idónea para luchar contra el invasor. Como a la muchacha contemporánea, la madre indígena le enseña que «la batalla no es lugar para mujeres», y se enfurece al ver su afición por arcos y flechas (105-106). Esta afición y su deseo y valor para enfrentar al enemigo llevan a la india a pensar que quizás ella era «un hombre con cuerpo de mujer» (122).[11]

Hay otra figura femenina que aunque opacada por el protagonismo de Lavinia e Itzá, merece comentarios porque amplía el radio de las reflexiones feministas del libro. Se trata de Sara, la amiga íntima de Lavinia que se siente feliz en su condición de madre, esposa y dueña de casa. En contra del parecer de Lavinia, Sara piensa que el ámbito doméstico existe para satisfacer a la mujer, y no al hombre, como se cree. En ese ámbito, el hombre no tiene importancia, es ajeno, un extraño que «interrumpe» la normalidad (152-153). La discusión entre las dos amigas representa dos lados de una cuestión que el feminismo contemporáneo sigue debatiendo, y un buen ejemplo de la mayor amplitud de funciones que adquiere la mujer.

Para concluir. La dedicatoria de la novela a Nora Astorga (una heroína real en la lucha antisomocista), anuncia desde el comienzo una obra inspirada por sucesos ocurridos en Nicaragua durante la re-

---

[11] Como en innumerables retratos literarios femeninos que van elaborando nuestras autoras para marcar el estigma social otorgado a las «rebeldes», Itzá es tildada de «bruja» por sus inclinaciones a las actividades consideradas sólo «masculinas» (122). Véase sobre esto mi trabajo sobre la novela de Mercedes Valdivieso *Maldita Yo entre todas las mujeres* en un número especial de *Inti* dedicado a autoras hispanoamericanas, por aparecer en el otoño de este año (1994).

volución sandinista. La ficcionalización de un hecho histórico,[12] hace paralelo con la leyenda tejida en torno a Yarince y su resistencia al invasor español. Por otro lado, la estructura dual simbolizada en el juego de voces representativas de la mujer del siglo XX y del XVI, se extiende en el paralelo ya visto en las parejas de Lavinia/Felipe e Itzá y Yarince, que se homologan. Ellas son rebeldes a su estatus de mujer subordinada, y valientes para actuar en la arena pública. Ellos están comprometidos en la batalla contra la opresión, pero comparten prejuicios machistas enseñados por sus culturas.

Si hablamos de paralelos es precisamente porque queremos acentuar lo que llamamos una visión integradora que, a pesar de no ignorar las importantes divisiones de raza, sexo y clase (con su secuela de rico/pobre; poder civil/poder militar; ciudad/campo entre otras), disminuye el peso dicotómico de estas instancias. De este modo la obra marca los valores positivos del pasado y del presente (amor a los demás y la naturaleza, sentido de justicia para la mayoría, solidaridad, los más destacados) que importan para todos los tiempos, pero sobre todo para la angustiosa inquietud que vivió Nicaragua en el momento de producción de la novela.

Obras citadas

Belli, Gioconda. *La mujer habitada*, México: Editorial Diana, 1989.

Laplanche J. and J.B. Pontalis. *The Language of Psychoanalysis*, (translated by Donald Nocholson-Smith), New York: W.W. Norton and Co., 1973: 427-428.

Rojas-Trempe, Lady. «La alteridad indígena y mágica en las narraciones de Elena Garro, Manuel Scorza y Gioconda Belli», *Alba de América*, 9, 16-17, (1991): 141-152.

---

12 El asalto guerrillero a la casa del alto militar gobiernista, está inspirado en uno similar ocurrido en Managua en 1974.

LA VOZ NO CALLADA: EL DISCURSO DEL EXILIO EN *DE AMOR Y DE SOMBRA* DE ISABEL ALLENDE

Nancy M. Kason
The University of Georgia

> *Pero, saldrás al aire, a la alegría,*
> *saldrás del duelo de estas agonías,*
> *y de esta sumergida primavera,*
> *libre en la dignidad de tu derecho*
> *y cantará en la luz, y a pleno pecho,*
> *tu dulce voz, oh, Patria prisionera!*
>
> «La patria prisionera»
> Pablo Neruda

Al ofrecer su propia visión del papel de la literatura en la interpretación de las realidades socio-políticas de la América Latina, Isabel Allende afirma que, «Es una misión del escritor latinoamericano poner la estética en su lugar justo y legítimo. El escritor tiene una función política dentro de la cultura, como una voz de libertad y justicia social» (Coleman 1). En *De amor y de sombra*, Isabel Allende utiliza el discurso del exilio para articular su posición ante la injusticia social y la represión política características de muchos países de América Latina. A través del exilio vivido por la familia Leal y la persecución de Irene Beltrán que hace necesaria su fuga clandestina de la nación, se examinan las etapas del exilio por las que transita el individuo en el proceso psicológico de encararse con su realidad sociopolítica.

Para Paul Tabori la causa del exilio no importa tanto como la tragedia que comparte todo ser exiliado:

> It makes no difference whether you left because a new political order made you an outcast in your native land; whether hunger drove you to far lands, or whether it was a rainbow that lured you with promises of better vistas. The tragedy lies in the fact that you were compelled to go, that you had to leave behind everything that was your way of life, and had to start anew in a foreign land where the winds blow cold; where the people speak differently, where they live and laugh differently. (33)

Joseph Wittlin agrega una dimensión temporal al concepto del exilio cuando dice que:

> In Spanish, there exists for describing an exile, the word *destierro*, a man deprived of his land. I take the liberty to forge one more definition, *destiempo*, a man who has been deprived of his time. That means, deprived of the time which now passes in his country. The time of his exile is different. Or rather, the exile lives in two different times simultaneously, in the present and in the past. (Tabori 32)

En su libro *Meditación del exilio*, Julio Raffo enfoca sus teorías sobre el exilio en términos de la separación del suelo geográfico y del suelo social. Para Raffo, el proceso se inicia cuando la persona toma la decisión o de quedarse o de irse, un punto que él denomina el «pre-exilio» (30). Una vez decidido, la próxima etapa es la determinación de adónde se irá, seguido por el viaje que se realiza o legalmente o clandestinamente. En este momento, se fractura el propio yo y, según Ortega, se reconstruye un nuevo «yo-en-el-exilio» (43). Aunque el exiliado tiene la intención de regresar, en este momento se siente como Cortés, con las naves quemadas a sus espaldas (49). En *De amor y de sombra*, observamos el miedo y la angustia que sienten Francisco e Irene al pasar por estas etapas difíciles. Isabel Allende cuidadosamente desarrolla la evolución ideológica de Irene y el compromiso político de la pareja, los cuales precipitan estas primeras etapas del proceso que termina, al final de la novela, con su fuga de la patria.

La etapa siguiente consiste en la reconstrucción de un lugar propio en el nuevo espacio social. Después de arreglar la burocracia de la documentación es cuando se establecen una nueva casa, un nuevo trabajo, un nuevo barrio y nuevas relaciones sociales (55). En este punto del proceso, el individuo llega a una bifurcación en el camino donde tiene que encararse con la decisión de quedarse exiliado o volverse inmigrante. Para Raffo, el exiliado «no consigue asimilar en profundidad la realidad de lo inmediato; el inmigrante reconoce en lo inmediato su definitivo lugar, se vincula con el futuro a partir del aquí y ahora, de la realidad que lo rodea y lo comprende... el exiliado convive con esa fractura en su futuro; entre el hoy que se soporta y el mañana que se desea, está el regreso como solución de continuidad esperada» (66-67). El exiliado experimenta, por lo tanto, una transformación psicológica delicada:

> Esta contradicción entre la realidad inmediata en la cual se vive y la distante realidad política y social de la cual nos sentimos parte, define existencialmente la situación del destierro y persistirá mientras éste dure. Pero el exilio no termina únicamente con el regreso, también se extingue como estado personal y político con la lenta e imperceptible mutación del exiliado en un inmigrante; esta mutación comienza a manifestarse cuando se va diluyendo el sentimiento de precariedad y transitoriedad que en él tiene la vida cotidiana, cuando la Patria empieza a ser pensada en términos turísticos antes que sentida como una carencia insoportable. (68)

Efectivamente, son los vínculos afectivos y profesionales que se establecen en el exilio los que hacen difícil cumplir con la decisión de repatriarse, especialmente en aquellos que fueron afortunados en el exilio y que carecen de las mismas posibilidades de trabajo en la propia Patria (129-130).

Carlos Brocato emplea el término «transterrados», originalmente usado por José Gaos en la época de la expulsión franquista, para referirse a los españoles que se aclimataron en la América hispana y no piensan volver a España (75-76). En *De amor y de sombra*, esta clasificación describe la situación de la familia Leal por medio de la que Isabel Allende examina las transiciones psicológicas que experimentan después de radicarse en el nuevo país. La autora nos retrata, a través de comentarios retrospectivos, las tragedias que sufrieron los Leal durante la Guerra Civil. Nos informa que el profesor decidió fugarse al exilio con su mujer y su primer hijo recién nacido después del bombardeo en el que se fracturó el cráneo de Hilda. Por problemas con la documentación tuvieron dificultades en salir de Europa, pero por fin llegan a América. A pesar de llevar muchos años en el país adoptivo, no habían dejado todavía de soñar con volver: «Aún tenemos nuestra casa en Teruel y cuando muera Franco volveremos a España... El profesor Leal soñaba con el regreso a la patria desde el día en que el barco lo alejó de las costas europeas. Indignado contra el Caudillo, juró no usar calcetines hasta saberlo enterrado, sin imaginar cuántas décadas tardaría en cumplirse su deseo» (33). Sin embargo, con el pasar del tiempo, cuando por fin se presenta la oportunidad de volver a España, los Leal dejan de ser exiliados y se vuelven inmigrantes:

> Una vez muerto su gran enemigo, se colocó un par de rojos y brillantes calcetines que contenían en sí mismos toda su filosofía existencial, pero antes de media hora se vio obligado a quitárselos. Había pasado mucho tiempo sin ellos y ya no los toleraba. Entonces, para disimular, hizo el juramento de seguir sin usarlos hasta la caída del general que gobernaba con mano de hierro su país adoptivo... La democracia en España no le devolvió el uso de los calcetines ni lo hizo regresar, porque sus hijos, sus nietos y las raíces americanas lo

retuvieron. (34)

El profesor Leal y su esposa Hilda tuvieron tres hijos en total: Javier se casó, José se hizo sacerdote, y Francisco se dedica a la fotografía. Sin embargo, cada uno de los hijos es afectado directamente por la represión militar. A Javier le colocaron en una lista de personas proscritas por la Junta a causa de sus actividades con el sindicato. Por eso, pierde su trabajo: «Como cesante era un marginado, un ser anónimo, ignorado por todos porque ya no producía y esa era la medida del valor humano en el mundo en que le tocó vivir» (138). Al quitarle el trabajo, los militares le quitaron la esperanza de un futuro mejor. Como resultado, Javier se ahorca en un acto de desesperación.

José Leal, al hacerse sacerdote, dedica su vida a combatir el dolor y la injusticia del sufrimiento humano. Vive en una población proletaria que recuerda las comunidades de base propuestas por la teología de la liberación, desde la que distribuye clandestinamente boletines de solidaridad.

Después de hacer el doctorado en el extranjero, Francisco volvió el año cuando el candidato socialista ganó las elecciones. Sin embargo, con el Golpe Militar se inició una época fuerte de represión.

> Francisco entró en contacto con grupos organizados para sacar prófugos por una frontera e introducir miembros de la resistencia por otra. Movilizaba dinero para ayudar a los sobrevivientes escondidos y comprar alimentos y medicinas, recopilaba información para enviar al extranjero oculta en suelas de frailes y pelucas de muñecas. Cumplió algunas misiones casi imposibles: fotografió parte de los archivos confidenciales de la Policía Política y puso en microfilm las cédulas de identidad de los torturados, pensando que algún día ese material contribuiría a hacer justicia. (225-226)

Su trabajo de fotógrafo es lo que inicialmente vincula su vida con la de Irene Beltrán. Más tarde, desarrollarán un amor que los llevará al exilio y los unirá espiritualmente para siempre.

El camino hacia el exilio por el que transita Irene Beltrán es paralelo a su proceso de auto-concientización en términos de su percepción de las realidades socio-políticas de su patria. La evolución en el personaje de Irene es un proceso de iluminación ante la otra realidad de su país -de lo superficial donde la vida burguesa le proporciona una visión de ideales ingenuos a una concientización de la opresión. El contraste entre las actitudes de Irene y las de su madre, Beatriz, refleja la aceptación por parte de las clases privilegiadas de los «desaparecidos» justificados por ser terroristas o subversivos. Mientras el gobierno militar silenciaba las voces que cuestionaban la dirección política de la nación, paulatinamente los ciudadanos empezaban a darse cuenta de la campaña nefasta que se armaba contra el pueblo. Beatriz acepta los métodos usados por el régimen para mantener la prosperidad del país sin cuestionarlos:

> Ante la imposibilidad de eliminar la miseria, se prohibió mencionarla. Las noticias de la prensa eran tranquilizadoras, vivían en un reino encantado... Se comentaba la opulencia, el milagro económico, los capitales extranjeros atraídos a raudales por las bondades del régimen. A los descontentos se les calificaba de antipatriotas, pues la felicidad era obligatoria. Mediante una ley de segregación no escrita, pero conocida por todos, funcionaban dos países enemigos en el mismo territorio nacional, uno de la élite dorada y poderosa y otro de la masa marginada y silenciosa. Es el costo social, determinaban los jóvenes economistas de la nueva escuela y así lo repetían los medios de comunicación. (194-195)

La actitud frívola de Beatriz refleja hasta qué punto las clases privilegiadas ignoran la situación del país y aceptan sin cuestionar la propaganda política del régimen: «hechos como aquel eran lógicos en una guerra como la librada por los patrióticos militares contra el cáncer marxista, en todas las batallas existen bajas, lo mejor es olvidar el pasado y construir el futuro, hacer borrón y cuenta nueva, no hablar más de desaparecidos, darlos simplemente por muertos y resolver de una vez los problemas legales». (253) Aún después de que Irene es baleada por los militares, Beatriz se niega a aceptar que su hija pueda estar metida en asuntos políticos, y se convence que la metralla que casi mató a Irene iba destinada a otra persona: «Son cosas del hampa... Quisieron matar a un delincuente y las balas hirieron a Irene» (281). A Beatriz le importa más la opinión de la gente que la verdad, y por eso prefiere esta versión de los hechos. A pesar de todo, Beatriz sigue engañándose en cuanto al gobierno:

> no se enteró de los sucesos del país porque en la prensa sólo leía las noticias agradables... Ignoró el clamor público que sacudió a la nación a pesar de la censura y que recorrió ambos hemisferios poniendo otra vez en primer plano el tema de los desaparecidos bajo las dictaduras latinoamericanas... señaló al Cardenal como responsable de esa monstruosidad y opinó que el Papa debía destituirlo, porque el campo de acción de la Iglesia debe ser sólo espiritual y en ningún caso los sórdidos acontecimientos terrenales. (282-283)

Al final de la novela, Beatriz sigue viviendo en su mundo irreal y por eso Mario, en vez de decirle que Francisco e Irene se iban a vivir en el exilio, le dice que la pareja hizo un viaje para disfrutar de breves vacaciones. El hecho de que Beatriz lo cree sin cuestionarlo nos deja con una visión escalofriante de la falta de comunicación entre los mayores y los jóvenes. Beatriz se estanca dentro de su torre de marfil y sufrirá la separación de su hija sin comprender verdaderamente su causa.

Sin embargo, es precisamente el aislamiento de su madre lo que nos permite apreciar el proceso de concientización que resultará en el exilio de Irene. Según Doris Meyer, «By making Irene Beltran's `fall from innocence' the center of her novel, Isabel Allende announces that women must turn silent complicity into outspoken activism. The generation of mothers who shielded their daughters from the truth must give way to a new generation of women who demand the truth and reclaim their share of control over history». (157)

Al final de la primera parte de la novela, Francisco observa la ignorancia de Irene en cuanto a las fuerzas de la represión contra las que él combatía: «Consideraba extraordinario que Irene navegara inocente sobre ese mar de zozobras que anegaba al país, ocupada sólo de lo pintoresco y lo anecdótico... Ese injustificado optimismo, esa limpia y fresca vitalidad de su amiga resultaban balsámicas para los tormentos que él padecía por no poder cambiar las circunstancias» (90). La inocencia de Irene es típica de su posición socio-económica: «vivió hasta entonces preservada en una ignorancia angélica, no por desidia o por estupidez, sino porque esa era la norma en su medio. Como su madre y tantos otros de su clase social, se refugiaba en un mundo ordenado y apacible del barrio alto, los balnearios exclusivos, las canchas de esquí, los veranos en el campo» (131).

Lo que destruye esta ilusión de tranquilidad es la desaparición de Evangelina Ranquileo. Irene empieza a perder su inocencia cívica cuando decide buscarla, y enfrentar la verdad de la morgue. Sin embargo, su transformación no comienza hasta que se compromete cuando graba clandestinamente sus conversaciones con el sargento Faustino Rivera. Con este acto, la ciudadana curiosa se vuelve políticamente subversiva e inicia el camino que terminará en el exilio. Al encontrar los cadáveres en la mina de Los Riscos, Irene se da cuenta de que tiene la responsabilidad de denunciar los crímenes del régimen militar. Deciden entregar las fotos que había sacado Francisco en la mina al Cardenal porque la Iglesia era una de las pocas organizaciones que seguía en pie a pesar de la represión:

> en pocos días el anuncio del hallazgo en la mina y las fotografías de los cadáveres circulaban por el mundo a través de los teletipos. Las agencias de prensa se apoderaron de ellas y las enviaron de vuelta a su país de origen, donde fue imposible sofocar por más tiempo el escándalo, a pesar de la censura y de las explicaciones fantásticas de las autoridades. Todos vieron en sus pantallas al engolado locutor leyendo la versión oficial: «eran terroristas ejecutados por sus propios secuaces, pero nadie dudó de que se trataba de prisioneros políticos asesinados». (251)

El compromiso de Irene de encontrar a los asesinos e identificar los cadáveres intensifica el ambiente de terror que resulta en el intento fracasado de asesinarla en la puerta de la editorial. La única opción que les queda a Francisco e Irene es fugarse clandestinamente al exilio. Mario les ayuda a escaparse del hospital, y después de recuperarse Irene un poco más, viajan hacia la cordillera para luego cruzar la frontera en un lugar no vigilado.

Es irónico que piensen ir a España, el país del que huyeron los padres de Francisco durante la dictadura fascista. Hilda les ofrece sus consejos, de lecciones aprendidas por la experiencia dura de su propio exilio: «Sólo tendréis el presente. No perdáis energía llorando por el ayer o soñando con el mañana. La nostalgia desgasta y aniquila, es el vicio de los desterrados. Debéis estableceros como si fuera para siempre, hay que tener sentido de permanencia» (301). La descripción emocional con la que Isabel Allende articula el trauma de abandonar el país refleja el sentimiento de desarraigo que produce el exilio: «Iba despidiéndose de su país... Pensaba en la magnitud de su pérdida. No volvería a recorrer las calles de su infancia, ni a oír el dulce acento de su lengua criolla; no vería el perfil de sus montes al atardecer, no la arrullaría el canto de sus propios ríos, no tendría el aroma de la albahaca en su cocina ni de la lluvia evaporándose en el techo de su casa. No sólo perdía a Rosa, su madre, los amigos, el trabajo y su pasado. Perdía su patria» (312-313). Aunque piensan volver, ¿podrán hacerlo? Isabel Allende termina su novela con esta incógnita que nos deja con la esperanza de que el futuro sea mejor para ellos y para el país que abandonan.

La motivación de la acción en *De amor y de sombra* es el amor en sus múltiples manifestaciones: el amor conyugal basado en la confianza mutua, el amor al prójimo arraigado en el espíritu teológico, el amor humanitario de cuidarle al vecino, el amor que florece al rechazar la vida aislada y optar por una vida comunitaria donde se respeta la dignidad de la vida humana. Junto con la idea de amor, se entreteje el papel de la Iglesia como una organización en la que la teología de la liberación, articulada por los hermanos Boff y Gustavo Gutiérrez, fomenta la acción cívica contra las estructuras de represión para realizar cambios sociales. En *De amor y de sombra*, José Leal y el Cardenal juegan un papel importante en la denuncia de las atrocidades cometidas por las fuerzas armadas. Los contactos que tienen con la prensa y varias organizaciones internacionales les posibilitan a Francisco e Irene una plataforma pública para condenar las violaciones de los derechos humanos y el ataque contra la dignidad de la vida de cada ser humano.

Según Lagos-Pope, los intelectuales figuran entre los grupos más reprimidos por su habilidad de expresar las experiencias terroríficas en sus obras y, por lo tanto, de instigar a la subversión. El escritor da testimonio en su obra de hechos o reales o ficticios que le empujaron al exilio. Así, el proceso del exilio contribuye directamente a la formación de la literatura (123). En *De amor y de sombra*, Isabel Allende se sirve de la literatura como vehículo de un discurso cívico para combatir el silencio y la complacencia que son las herramientas más nefastas de la represión. El hecho de que Irene Beltrán es periodista destaca la importancia que tiene el escritor en la sociedad. Isabel Allende lo ha expresado de esta manera:

> I feel that writing is an act of hope, a sort of communion with our fellow man... We should continue to write in spite of the bruises and the vast silence that frequently surrounds us. A book is not an end in itself; it is only a way to touch someone -a bridge extended across a space of loneliness and obscurity- and sometimes it is a way of winning other people to our cause (48-49)... Women are breaking the rule of silence and raising a strong voice to question the world. This is a cataclysm. It is a new literature that dares to be optimistic... a literature that searches the spiritual dimension of reality... That is why we write -as an act of human solidarity and commitment to the future... (54-56) For whom do I write, finally? Certainly for myself. But mainly for others, even if there are only a few. For those who have no voice and for those who are kept in silence. (62)

Para Campos, la mina simboliza el vacío de un discurso que no puede articularse y Evangelina, silenciada por la muerte, confirma el poder de la represión (201). Pero el profesor Leal, Hilda, Javier, José, Francisco e Irene rompen el silencio y gritan en voz alta, para que el mundo responda con compasión a su súplica de solidaridad. La voz no callada de Isabel Allende, inspirada por un amor a la humanidad, denuncia en esta novela las sombras de la represión que procuran silenciarla.

Obras citadas

Allende, Isabel. *De amor y de sombra*. Buenos Aires: Editorial Sudamericana, 1985.

> «Writing as an Act of Hope» in *Paths of Resistance: The Art and Craft of the Political Novel*. Ed. William Zinsser. Boston: Houghton Mifflin Company, 1989: 41-63.

Brocato, Carlos A. *El exilio es el nuestro*. Buenos Aires: Sudamericana-Planeta, 1986.

Campos, René A. «El ordon desenmascarado: *De amor y de sombra* de Isabel Allende». *Inti* 29-30 (1989): 197-205.

Lagos-Pope, María-Inés, ed. *Exile in Literature*. Lewisburg: Bucknell University Press, 1988.

Meyer, Doris. «Exile and the Female Condition in Isabel Allende's *De amor y de sombra*». *International Fiction Review* 15.2 (1988): 151-157.

Raffo, Julio. *Meditación del exilio*. Buenos Aires: Editorial Nueva América, 1985.

Tabori, Paul. *The Anatomy of Exile*. London: Harrap, 1972

LA MUJER ANTE EL ESPEJO: AUTORRETRATOS LITERARIOS DE MUJERES LATINOAMERICANAS

Erna Pfeiffer
Graz, Austria

Uno de los motivos más usuales en la literatura contemporánea de mujeres en Latinoamérica es -significativamente- el espejo. Este es, por natura, un símbolo ambivalente y, por tanto, de doble cara: por una parte, recordatorio de la casi hasta ahora imposibilidad de la mujer de analizarse, de representarse a sí misma; la presencia de una definición previa constituida desde una perspectiva ajena siempre había estado ahí para dictarle cómo tenía que ser y satisfacer así a una imagen modélica. Dicho ideal mostraba la máscara restrictiva y determinista de su papel social (manifiesta en el título de la novela de Lucía Guerra), así como el reflejo infiel a su propia imagen, aunque ajustado a los rasgos del «eterno femenino», deformados por los deseos del varón. Por otra parte, la casi obsesiva repetición del síndrome del espejo saca a flote la necesidad urgente en las autoras de descubrir en sí mismas su identidad femenina con todos los matices, con todas sus caras, con sus claroscuros, sin tener que pasar por la mediatez del asesoramiento más o menos bien intencionado de terceros, en tranquilo diálogo a solas con el incorruptible reflejo de su leal compañero, el espejo, en la intimidad del ambiente tradicionalmente femenino del tocador.

Este «room of one's own», espacio vital que precisamente en Latinoamérica se le ha asignado a la mujer como único y exclusivo territorio femenino («la casa», en contraste con «la calle», a la cual sólo tiene libre acceso el varón), sin embargo, representa un logro ambivalente en cuanto a que está en constante peligro de convertirse en jaula dorada, en «cárcel». De ello ha llegado a ser consciente la crítica femenina, especialmente desde las discusiones acerca del famoso manifiesto de Virginia Woolf.

Como ejemplo, veamos el siguiente pasaje de la novela *Arráncame la vida* de Angeles Mastretta:

> Al día siguiente fui a ver a Pepa para contarle mi desgracia. Llegué segura de encontrarla, porque no salía nunca. Me sorprendió que no estuviera. Los celos de su marido, aumentados por la falta de hijos, la mantenían encerrada. Una tarde que pasó dos horas fuera, la recibió con un crucifijo obligándola a que se hincara a pedirle perdón y a jurar ahí mismo que no lo había engañado.
> Prefirió encontrar quehaceres en su casa. La convirtió en una *jaula de oro*, no había rincón sin detalle. El patio estaba lleno de pájaros y para los brazos de los sillones, los centros de las mesas, las vitrinas y los aparadores tejía interminables carpetas. (79 [el subrayado es mío])

Consecuencia de ello es un segundo motivo, asimismo ejemplar, que evidencia el mismo título del libro *La brecha* de Mercedes Valdivieso. Margo Glantz escribe en el prefacio:

> Si el cuarto propio encierra, la maternidad es casi el paradigma esencial del encierro. El útero como el cuarto más interior, más personal, más definitivo. No hay salida; el útero es el espacio hermético por su simbolismo y por su funcionalidad [...] Llevar un hijo en el seno es aislarse de la humanidad, es convertirse por ese solo hecho, en La Madre, La Unica, la que deja de ser cualquier mujer, la pública, para volverse mujer privada por excelencia, prisionera por su estructura placentaria.
> La protagonista de *La Brecha* no acepta su misión. No soporta la idea de la maternidad como única salida [...]
> La liberación se inicia. Se busca la salida. La maternidad no es la única apertura. Se ha abierto la brecha, se puede una colar por los intersticios, destruir el cuarto propio, entrar al ancho mundo, salir de la casa, romper los esquemas familiares y el estereotipo gozoso de la madre sin necesidad de travestirse ni con el traje de hombre ni con la maternidad. (sin paginación)

Creo que este pasaje muestra claramente en qué medida la literatura latinoamericana escrita por mujeres no sólo reacciona en general contra la mitificación de la mujer e intenta subversivamente desfondar, desgastar, despolarizar y revalorizar los arquetipos existentes hasta el momento, sino que también uno de sus principales «ejes de empuje» apunta a las instituciones del matrimonio, la familia y la maternidad, hasta ahora sacrosantas y relacionadas con el «concepto de la feminidad»; las primeras grandes novelas de mujeres de los años veinte y treinta tocan estos temas, ya entonces de candente actualidad, sin remilgos, aun a riesgo de quemarse los dedos si es necesario, o de enfrentarse a las críticas más duras. Este es el caso de la novela *Ifigenia* de Teresa de la Parra (1924) -y no en último lugar por su amarga crítica al «dios milenario de siete cabezas que llaman sociedad, familia, honor, religión, moral, deber, convenciones, principios» (310)-, que en aquel tiempo obtuvo una acogida polémica en Venezuela y Colombia. La autora se vio obligada a declarar:

> Son ya muchos los moralistas que con amable ecuanimidad los más o con violentos anatemas los menos, han atacado el diario de María Eugenia Alonso, llamándolo volteriano, pérfido y peligrosísimo en manos de las señoritas contemporáneas. Yo no creo que tal diario sea perjudicial a las niñas de nuestra época por la sencilla razón que no hace sino reflejarlas[...] (Tres conferencias inéditas, pág. 22, citado en *Ifigenia*, pág. XXIX)»[1]

Y puesto que inevitablemente hemos desembocado de nuevo en el tema del espejo, me gustaría trazar ahora cómo ha ido surgiendo este motivo en el devenir histórico de la literatura de mujeres en Latinoamérica a lo largo de esta centuria y, a su vez, cómo ha venido transformándose y evolucionando. Dicha literatura no es, por cierto,

---

1 Aún en 1961, la novela *La brecha* -un libro realmente inofensivo si se mira desde la perspectiva de hoy- era considerado como «invitación al libertinaje», como texto francamente «escandaloso» (comp. la crítica acérrima en *El Diario Ilustrado* [Santiago de Chile, 27 de abril de 1961] bajo el título «Proceso a la morbosidad»). Incluso el evidentemente benévolo autor del prólogo a la primera edición, Fernando Alegría, habla de una «descarnada franqueza», un «sensualismo abierto y provocativo» (Valdivieso, 12), donde la lectora de hoy por cierto no puede descubrir nada de eso...

algo aislado, estático y homogéneo, no es una roca errática que se pueda contrastar a la «literatura de hombres», sino que también en este caso existen procesos, divergencias, evoluciones y heterogeneidades. No por casualidad tiene además el símbolo del espejo algo en común con la «escritura femenina» [2], evocada constantemente. Dicha escritura tiene que ser forzosamente, por una parte, una reacción, inversión y reflejo de un canon, hasta ahora válido en la literatura universal, marcado por las obras de autores masculinos. Por otra, tiene que recuperar asimismo en un diálogo consigo misma, con la tradición pasada femenina y, por supuesto, con su propio reflejo, el rostro olvidado de la identidad de la mujer. [3]

Así domina en las primeras obras de la década de los veinte, de las cuales hemos elegido *Ifigenia* como significativo ejemplo, una manía de autoanálisis sujeta enérgicamente a la propia belleza y juventud como únicas «armas de mujer», que raya con el narcisismo. La ima-

---

[2] En mayor medida, desde que las mujeres ya no escriben a pluma -símbolo fálico por excelencia-, sino que están sentadas frente a la pantalla de la computadora, que muchas de ellas sienten como una suerte de espejo (comp. mi entrevista con Tununa Mercado en Eichstätt, Alemania, el 7 de mayo de 1993, sin publicar: «La computadora permite establecer una relación con el texto que pasa por la luz. La escritura en la pantalla es lumínica, sus puntos y sus líneas se encienden en la oscuridad, además, esas estelas luminosas se van yendo, desaparecen dejando sin embargo la certeza de ser recuperables, ...»). Es interesante -y contrario a las expectativas corrientes- que el medio técnico en este punto más bien favorece el mundo imaginativo de las mujeres en vez de dificultar su proceso de creación. Por el contrario, muchas autoras dicen que nunca han podido familiarizarse con la máquina de escribir, artefacto puramente técnico (comp. mi entrevista con María Rosa Lojo en Eichstätt, Alemania, el 7 de mayo de 1993, sin publicar: «... la máquina de escribir nunca la usé, era muy mala mecanógrafa, me resultaba trabajoso. Con la computadora es mucho más fácil.»)

[3] Una novela que ya desde su misma estructura se halla impregnada por el motivo del espejo sería por ejemplo *De Ausencia* de la mexicana María Luisa Mendoza; comp. mi ensayo «Der Roman als Spiegel» [«La novela como espejo»], en *Canticum Ibericum. Neuere spanische, portugiesische und lateinamerikanische Literatur im Spiegel von Interpretation und Übersetzung*. Frankfurt a.M.: Vervuert, 1991, 429-441. La protagonista, Ausencia Bautista -cuasi un Dorian Gray vertido al femenino-, personifica precisamente la inversión de todos los ideales estereotipados de lo femenino: rebelde, concupiscente, sexualmente activa, rica, violenta y ávida de amor hasta en la vejez, contradice los chiclés fabulosos de la «niña muy bonita» y «paupérrima» (199- s.).

gen resultante, como ocurre a la definición ajena realizada por el hombre, aparece claramente resquebrajada, sin llegar a una unidad coherente:

> Pero tío Pancho, que quería consolarme a toda costa, respondió esta vez con un tacto y con un acierto verdaderamente admirable:
>
> -¡Nunca es pobre una mujer, cuando es tan linda como eres tú, María Eugenia!
>
> Y como empezase a enumerar mis atractivos personales y a elogiarlos calurosamente, [...] me fui tranquilizando poco a poco, hasta que al fin [...] abrí mi saco de mano y para comprobar la exactitud de los elogios, al tiempo que los oía, me di a contemplarme en el espejillo ovalado. Desgraciadamente, dado el tamaño exiguo del espejo no pude ver mi rostro sino en dos secciones: Primero la barba, la boca y la nariz; luego la nariz, los ojos y el sombrero; [...]
>
> Pero yo hube de cerrar al fin mi bolsa de mano; en ella se ocultó el espejo, y por lo tanto, tras el espejo se ocultó también mi propia imagen que aun así, trunca y a pedazos, es la única que sabe darme suavísimos consejos; la única, sí, la única que sin decir ni jota, me predica la resignación, el buen humor, la bondad y la alegría... (67)

A pesar de esta determinación ajena a través de dictados masculinos de belleza, cosa que sólo permite percibir su propia imagen escindida, la protagonista de la novela saca a colación en una carta a su amiga Cristina que a los hombres se les escapa algo esencial pues carecen de la posibilidad de verse reflejados en otro ser. En ello reside además su autoconciencia ridícula, falsa y basada en expectativas erróneas:

> Desde entonces, Cristina, deduje que los hombres, en general, aunque parezcan saber muchísimo, es como si no supieran nada, porque no siéndoles dado el mirar su propia imagen reflejada en el espíritu

ajeno se ignoran a sí mismos tan totalmente, como si no se hubiesen visto jamás en un espejo. [...] Sí, Cristina, por más que diga Abuelita, yo creo que los hombres calumnian de buena fe, que son alabanciosos porque honradamente se ignoran a sí mismos y que atraviesan la vida felices y rodeados por la aureola piadosísima de la equivocación, mientras los escolta en silencio, como can fiel e invisible, un discreto ridículo. (19-s.)

El elemento narcisista, siempre común a estas novelas tempranas, esta preferencia por la propia imagen en el espejo que engaña la falta de un compañero deseado, destaca también en una escena en el estanque de *La última niebla* de María Luisa Bombal:

> Entonces me quito las ropas, todas, hasta que mi carne se tiñe del mismo esplendor que flota entre los árboles. Y así, desnuda y dorada, me sumerjo en el estanque.
>
> No me sabía tan blanca y tan hermosa. El agua alarga mis formas, que toman proporciones irreales. Nunca me atreví antes a mirar mis senos; ahora los miro. Pequeños y redondos, parecen diminutas corolas suspendidas sobre el agua. (14)

La satisfacción por el propio cuerpo, el reconocimiento de la desnudez, el atrevimiento a autocontemplarse representan el primer paso importante en el proceso de liberación de máscaras y tapujos, impuestos exclusivamente desde fuera. El primerísimo logro de toda la literatura en prosa latinoamericana escrita por mujeres de nuestro siglo lo representa sin duda la recuperación del propio yo. Contrariando por completo la afirmación general de que a la mujer no se le concede ninguna voz en la literatura de hombres [4], el punto central al-

---

4   De la que ellas se distancian, en parte concienzudamente; véase por ejemplo la introducción de la novela *Más allá de las máscaras*, de Lucía Guerra:

> Mi historia no tiene nada que ver con las historias escritas por los hombres, ni

rededor del cual parece girar el discurso literario femenino es por el momento el hecho de que la gran mayoría de las obras significativas de «pluma femenina» están escritas en primera persona y tienen protagonistas femeninas; la perspectiva externa queda reemplazada por la interna, del puro objeto de placer se pasa a sujeto femenino de placer claramente activo, en búsqueda de posibilidades de expresar vivencias eróticas específicas de la mujer. Otros ejemplos de la exterminación del tabú sexual, como mordaza angustiosa que impide la autodefinición femenina, vendrían a ser en el campo de la lírica (para rozar también este género sumamente productivo en Latinoamérica hoy día, aunque no mantenga naturalmente las cifras de venta de la novela) *La estación de fiebre* de la joven costarricense Ana Istarú, ganadora del Premio Poesía-Certamen Latinoamérica EDUCA de 1982, así como los poemarios de la nicaragüense Gioconda Belli, de la guatemalteca Ana María Rodas, de la cubana Daina Chaviano, de las colombianas Conny Rojas Sanín y Ana Mercedes Vivas, de la peruana Carmen Ollé, de la chilena Marjorie Agosín, de la argentina Ma. del Carmen Suárez, así como de la mexicana Rosamaría Roffiel (que, por cierto, representa una abierta perspectiva lesbiana -algo impensable aún hace poco años-) junto a los ya clásicos poemas de Delmira Agustini, Juana de Ibarbourou y Alfonsina Storni.[5]

En la prosa «bombardea» por el momento la literatura erótica de mujeres tan intensamente que algunas autoras ya me han expresado personalmente el miedo de que, tras haberse concentrado la escritura de mujeres en temas sentimentales, como a principios de nuestro siglo,

---

las de alcoba, ni las de fusiles, ni las de laberintos en una biblioteca, ni las de círculos infernales, manuscritos perdidos o épicas expediciones.

Mi escenario no se restringe a ninguno de esos lugares geográficos que ellos llaman patria, tampoco lo habitan héroes de cartón o tiranos de yeso. En mi mundo que es el suyo, señora, no existen juguetonas fórmulas científicas, ni estrictos manuales, ni manidas leyes de causa y efecto. (13)

[5] Por razones de espacio, por supuesto no puedo enumerar ni siquiera la menor parte de todas las autoras importantes que se han destacado en el campo de la poesía erótica; existen, sin embargo, varias antologías acerca de esta temática, que permiten formarse una idea del conjunto (véase Fernández Olmos, Forgues, Manca, Pfeiffer, etc.).

la actual fijación por el cuerpo sólo podría conducir a una nueva limitación del marco de acción de las productoras.[6] No obstante, habría que mencionar aquí también algunos títulos de los últimos veinte años, como *De ausencia* de María Luisa Mendoza (México, 1974), *Estaba la pájara pinta sentada en el verde limón* de Albalucía Angel (Colombia, 1975), *Las alcobas negras* de Eugenia Viteri (Ecuador, 1984), *Los amores de Laurita* de Ana María Shua (Argentina, 1984), *Un vestido rojo para bailar boleros* de Carmen Cecilia Suárez (Colombia, 1988), *Canon de alcoba* de Tununa Mercado (Argentina, 1988), *Solitario de amor* de Cristina Peri Rossi (Uruguay, 1988), *Amatista* de Alicia Steimberg (Argentina, 1989), *Papeles irresponsables* de Carmen Boullosa (México, 1990), *Mater Erótica* de Diana Raznovich (Argentina, 1992) y muchas otras que aquí no podré citar exhaustivamente. Un capítulo aparte merecen novelas como *Ganarse la muerte* de Griselda Gambaro (Argentina, 1976), donde la sexualidad desempeña igualmente una función importante pero no en el sentido de una progresiva voluntad liberadora, en contraste con los títulos mencionados anteriormente, sino como la vía más extrema de humillación de la mujer en cuanto a obediencia, violación y tortura. También varios de los relatos de Luisa Valenzuela tratan este tema con especial atención (sobre todo «Cambio de armas» y «Simetrías»).

A pesar de la liberación erótica, generalmente anunciada, aún falta un paso hacia adelante para superar la fijación de la mujer en un autorretrato especular romántico, egocéntrico o por la aventura amorosa convencional o tal vez osada. Lo que falta es preferentemente el giro hacia un «tú» femenino que por encima de todo contraste generacional, de clases sociales o razas, pueda ser reconocido como afín,

---

[6] Ver mi entrevista con María Rosa Lojo: «Estoy bastante cansada de los mitos y los estereotipos que hubo y hay en danza sobre las mujeres. Primero reinaba el mito de la mujer sentimental, la que sólo podía expresar sentimientos, hablar de sus ilusiones y sus pasiones. Ahora tengo miedo que se esté deslizando ese mito hacia el cuerpo. Por un lado me parece muy valiosa toda la investigación que se ha hecho sobre lo corporal, sobre la relación con el cuerpo que es esencial, sin duda. Pero temo que nos encasillen otra vez a las mujeres en una categoría que sería, por ejemplo, la literatura erótica. Como si eso lo hicieran sólo las mujeres y no pudieran pensar -terreno librado a los hombres-» (entrevista sin publicar, *vide supra*).

cómplice, solidario y partícipe de una misma problemática. A este respecto habría que tener en cuenta en primer lugar el obstáculo que supone el que la mayor parte de las figuras femeninas principales de la literatura latinoamericana pertenezcan sin excepción a la clase alta, culta y aristocrática. Para aquéllas es casi imperceptible el hecho de que ellas mismas están unidas a sus criadas a través de una condición femenina común que es objeto de virulenta represión en todo grupo social. Mientras tanto, los antagonismos de clase ocupan claramente un primer plano e impiden la concientización. También las formas de representación literaria de las primeras obras significativas pueden ser designadas, por regla general, como elitistas; entre los géneros preferidos sobresalen formas literarias encasilladas como «típicamente femeninas». Es el caso de la epístola, el diario o el álbum romántico de poesías. Lengua y estilo son generalmente cuidados e infranqueables para la masa de mujeres analfabetas o semianalfabetas en Latinoamérica, no quedándoles a éstas otra cosa que los idilios triviales de los folletines y las fotonovelas.

Frente a esto, *Ifigenia* supone un primer paso en esta solidaridad femenina que supera dichas trabas sociales, en este caso entre la figura principal, María Eugenia, y su vieja niñera negra, Gregoria.[7] A través del reflejo especular de sus conversaciones confidenciales con esta fiel subordinada, María Eugenia no sólo llega a dilucidar los pormenores de sus miedos burgueses, sino que sus ojos se abren ante la ambigua realidad, un doble estándard en el que encajan mujeres de diferente procedencia social. Gregoria la pone en antecedentes:

> [...] tú no eres Gregoria, María Eugenia, porque naciste muy alta y muy encumbrada, y tienes que pasar por el aro de la decencia, [...] (253-s.)

---

[7] Tal trato de confianza con la «nana» -india, en esta ocasión- que permite a la hija del terrateniente distanciarse de su medio y aproximarse al indígena, lo encontramos igualmente en las novelas *Oficio de tinieblas* y *Balún-Canán* de Rosario Castellanos.

Si estos dos retratos femeninos de *Ifigenia* son todavía irreconciliables bajo un denominador común, desde la década de los setenta se puede observar entre mujeres de clase alta una tendencia a indagar en una causa común que las une a otras pertenecientes a clases marginales. Ejemplo expresivo de este proceso de evolución es la novela *Más allá de las máscaras* de Lucía Guerra. La narradora protagonista, presa sobre todo de sus expectativas burguesas de amor romántico o de seducción a través de un «príncipe azul» [8], aprende, de una simple representante del pueblo, iniciativas propias, la confianza en sí misma y el compromiso político a favor de los marginados. Lo que Cristina no llega a realizar con sus amantes de sexo opuesto (superar las barreras sociales), lo logra consumar junto a Aurora Espinoza, a la cual entrevista como reportera durante su huelga de hambre y con cuya lucha se identifica abiertamente. Aurora (probable trasunto simbólico) se convierte así en un auténtico y vivo espejo a través del cual la protagonista, aun en su devenir doloroso, se vuelve a reconocer a sí misma «más allá de las máscaras». [9] Mercedes Valdivieso escribe en su prefacio:

---

[8] El motivo del cuento de hadas y, sobre todo, su inversión paródica se hallan aludidos, por ejemplo, en *La casa de los espíritus* de Isabel Allende:

> A través del estrecho pasillo que las separa, tomaba la mano a su hija y le contaba los cuentos de los libros mágicos [...], pero que su mala memoria transformaba en cuentos nuevos. Así se enteró Alba de un príncipe que durmió cien años, de doncellas que peleaban cuerpo a cuerpo con los dragones, de un lobo perdido en el bosque a quien una niña destripó sin razón alguna. (269)

Aún más claramente elaborada se halla la «subversión del cuento de hadas» en «La bella durmiente», de Rosario Ferré (en *Papeles de Pandora*, 144-186).

[9] Otro tipo de espejo, de reflejo más allá de toda idealización, mitificación y estereotipos es el caso de periodistas o escritoras, cada día más frecuentes, que ponen voz propia, en el auténtico sentido de la palabra, a las mujeres afectadas de capas marginales. Las mismas relatan la historia de sus vidas, bien en forma de fiel documentación o de elaboración literaria más o menos densa. Ejemplo del primer método sería, tal vez, el testimonio de Rigoberta Menchú, recogido por Elizabeth Burgos; la última variante la podría representar la novela documental *Hasta no verte, Jesús mío*, en la que la mexicana Elena Poniatowska describe la vida de Jesusa Panancares.

La narradora no se detiene en preámbulos ni en largas explicaciones, agarra a la lectora-receptora de frente y le muestra sus temores. Temores vistos en el espejo que le refleja las primeras marcas de los años que pasan. El espejo le devuelve una imagen a través de la cual descubre el tamaño de sus miedos y la narración pasa a un tú generalizado, abarcador de todas las mujeres [...]

Entonces aparece Aurora [...]

Ella es la otra cara de la protagonista, la cara que existe bajo la máscara, el rostro de carne y aliento, no el vacío del gesto sin la acción, ni la palabra que no se atreve, pero también es la repetición de la historia a otro nivel. La desvalorización femenina a nivel pueblo pero sin disimulos, de una manera directa que no se plantea la mitología del matrimonio perfecto, del amor celestial de la madre ni de la fidelidad de la mujer. La historia de la opresión femenina es anterior a los partidos políticos, está inserta en el lenguaje y exaltada en la tradición. Pero Aurora, el rostro sin máscara, sabe espontáneamente, antes de la reflexión, que es necesario iniciar, desde algún punto, la marcha, salir del silencio hacia la denuncia y la liberación, también la liberación de ellos, sus compañeros. (7-10).

También aludida aparece esta solidaridad entre mujeres de diversas capas en la novela de Isabel Allende arriba mencionada. Prueba de ello ya son los intentos frustrados de la generación de madres y abuelas por tomar posiciones en pro de obreras y campesinas; más concretamente, sin embargo, se expresa en las escenas del campo de concentración, donde la mimada niña de altos burgueses, Alba Trueba, y su camarada proletaria, Ana Díaz, se quedan dormidas en un estrecho abrazo, compartiendo una dolencia afín (422) y donde el impresionante coro de presas da respaldo a cada una de ellas (438).

Sin ir más lejos el propio título manifiesta claramente este «principio de diálogo» en la novela de Marta Traba *Conversación al sur*. En el transcurso de ésta, Dolores e Irene, las dos figuras femeninas principales, de edad y origen diferentes, desvelan por vez primera, paulatina y muy cautelosamente, el perfil de su contertulia de manera más exacta. Del mismo modo éstas revelan su imagen como en una especie de baño fijador fotográfico, lo cual les permite simultáneamente percibir, en su totalidad, la cara oscura sobre el negativo de sus propios pasados. Tal proceso conlleva también la aprehensión del escenario del horror en el marco de la dictadura militar circundante. La nueva imagen de estas mujeres ya no es, pues, en absoluto estática. Su disposición abre camino a transformaciones y mecanismos evolutivos, enriqueciéndose en complejidad por cuanto que da cabida a más de una dimensión de la realidad.

Engarzando con la comparación utilizada inicialmente: aquella toma rápido en blanco y negro, aquella foto instantánea distorsionante va siendo sustituida cada vez más por una obra completa de arte cinematográfico, lejos de cualquier caricatura maniqueísta. Estos cambios radicales suponen también el que, por regla general, las mujeres ya no sean unilateralmente caracterizadas como pura personificación de lo «bueno», con los rasgos de la parte que padece. Mientras tanto, los hombres representarían el potencial de culpabilidad en una «literatura de denuncia» feminista simplista y parcial. Ahora, además, se permite el tema de la oscura necesidad de dominación femenina, su falsedad o sus celos frente a personas de su mismo sexo. Ejemplo sobresaliente de esta literatura no favorable a priori a las mujeres sería la novela *Ganarse la muerte* de Griselda Gambaro, en la que, ante todo, las figuras maternas son caracterizadas muy críticamente por su tendencia, en parte incestuosa, en parte lesbiana, y sus efectos devastadores sobre hijos e hijas.[10]

Quisiera, a continuación, delinear a grandes rasgos la evolución de la imagen de la mujer en cuatro novelas representativas de autoría femenina que, a mi parecer, van subiendo una escala de gradual toma de (auto)conciencia: partiendo de *Ganarse la muerte* (1976) y de la

---

10   La ausencia de la madre, en cambio, su falta de solidaridad y amparo, se presenta como en una pesadilla en las novelas *Antes* y *Mejor desaparece* de Carmen Boullosa.

casi simultáneamente publicada novela *No es tiempo para rosas rojas* (1974) de la venezolana Antonieta Madrid, echaremos un vistazo sobre *Casi en silencio* (1980) de la mexicana Aline Pettersson para desembocar en *Patas de avestruz*, de Alicia Kozameh (Argentina), sin publicar hasta el momento.

En este enfrentamiento de textos de tres distintas décadas observaremos, en primer lugar, un marcado desplazamiento de la perspectiva narrativa desde una relativamente distanciada tercera persona (Gambaro) hacia un *yo* y/o *tú* más pronunciado, consciente y diferenciado. En *Ganarse la muerte*, la protagonista Cledy es vista desde afuera, sin horizonte propio, como mera víctima de voluntades ajenas, en lo que podría interpretarse como parodia maliciosa de la actitud narrativa masculina descrita en la primera parte de este ensayo. Esta peculiar figura femenina carece por completo de una voz propia; es dicha violentamente por los/las otros/as, que al mismo tiempo resultan ser sus violadores, torturadores, victimarios y, en últimas consecuencias, asesinos. No existe sino la simple dicotomía: «¿será torturado o torturador?» (9), y la única posibilidad de «elección» de la mujer consiste en «ganarse duramente la muerte, no dejar que nadie la coloque sobre nuestra cabeza como una vergüenza irreversible.» (ibid.) Cledy permanece en su estado inmóvil, adaptada, sumisa, sin el menor asomo de salida de su cárcel:

> Le encantó el aire juicioso de Cledy, una muñequita, consideró con cierta tristeza. (56)

> Cledy apartó la vista, contuvo las lágrimas y buscó una ventana en el cuarto. No había. (54)

No es tiempo para rosas rojas, significativamente, empieza en segunda persona: «Te fuiste, se fue tu cara...» (9). El sujeto actuante es el *tú* masculino, personificado en el líder guerrillero Daniel, al que queda supeditado, durante el relato entero, un débil *yo* femenino, anónimo, siempre pasivo, aletargado, espectador somnoliento de los actos más o menos heroicos de los varones. A todo lo largo de la narración, prevalece ese «tú y yo», en este orden, inalterable y consecuente.

Todavía no se le concede realmente voz propia a la protagonista:

> Hablaban de asuntos serios y yo los oía, los oía y los miraba... Calladamente los miraba mientras ustedes hablaban de la revolución con gran propiedad y yo callaba y pensaba que yo también podía hablar de todo eso, pero prefería callar, prefería estar callada y me ponía a pensar en que yo también militaba en el partido, en la base del partido. No había forma de salir de la base, siempre en la base, no ascendía, siempre contra el suelo, pegada a la tierra. (21)

Empieza a actuar, sí, pero siempre subordinada, dependiente, en un rango inferior. Sin embargo, le es concedida por su autora la capacidad de evolucionar: «me sentía distinta y todo lo sentí también distinto, pero tal vez era yo sólo la que veía las cosas de otro modo, porque para los demás, parecía que todo seguía igual» (51). En eso radica también el germen de su fracaso: ella vive en función de los otros, pero los otros no comparten su inquietud, su búsqueda, sus ansias de renovación. En busca de un nuevo cuerpo, lo único que encuentra es el cuerpo de otro, un cuerpo masculino:

> ...sabía que te había encontrado, que había encontrado un cuerpo, que había encontrado tu cuerpo amarillento, tu cuerpo con calor y sentí como si algo hubiera cambiado en mí misma, como si mi piel no fuera ya más mi piel, como si mi piel se hubiera quedado para siempre en aquella cama estilo danés con copetes de esterilla. (49)

Aunque a trechos su aparente pasividad tiene aire de estrategia inconsciente para ganarse libertades nuevas, acaba por quedar fragmentada la imagen de sí misma:

> se detienen los pies frente al sofá, los cuerpos caen sobre el sofá, los pies descansan sobre la mesa de cristal con patas de bronce; los cuerpos se ablandan, se encajan en los cojines. Las manos se juntan, los brazos se enroscan, los labios se besan; los cuerpos se separan, los cuerpos se alejan, los cuerpos se desplazan; las manos registran

los discos, las manos escogen los discos, las manos colocan los discos en el estéreo, las manos accionan el botón del estéreo; (165)

Vive en cuerpo ajeno, pues, y cuando ese cuerpo ajeno se le niega -como forzosamente tiene que acontecer-, se queda sin corporalidad propia: se suicida.

En *Casi en silencio*, la situación es otra: tres diferentes *yoes* (dos masculinos, uno femenino), con sus subsiguientes *túes*, se entrelazan en una fuga a tres voces -no un diálogo, porque rara vez hay destellos de una fugaz comunicación entre los puntos aislados del triángulo. Son tres voces independientes que se suceden y entretejen en un complicado canon, cuya parte principal (la femenina) acaba desapareciendo hacia el final, dejando a los varones «desconcertados» en el sentido literal de la palabra. Todo había empezado con la «voz del maestro», el profesor Bruno Fabela, transmitiendo a su vez el mensaje metacomunicativo de Virginia Woolf y su *Orlando*, de modo que realidad y literatura quedan inextricablemente mezcladas, más aún porque la protagonista, Virginia, lleva el mismo nombre que la escritora británica sujeto de las clases de Bruno. En el transcurso de la novela, esa voz del amo, el discurso masculino, se va desmitificando, va perdiendo su encanto inicial, su poder sobre los dos alumnos, uno varón, otro hembra. Y queda claro que la huída del elemento femenino, su retirada voluntaria de aquel trío pasional, donde todos y cada uno resultaban amantes de todos en un deslizarse permanente de los sexos, deja huérfanos a los varones. Mientras que la progonista se queda incólume, entera, madre al fin de un hijo que no se sabrá nunca de quién es (es de ella solamente), se quedan fragmentados ellos, la pareja homosexual que sin el incentivo de la auténtica feminidad perdió su razón de ser:

> Es como si el mundo estuviera dividido o si fuera yo mismo quien se fragmenta. Como si viviera tantas vidas diversas, como si hablara tantas lenguas distintas, como si mi mismo rostro pudiera reflejarse de tantos modos. Veré qué puedo hacer por ti, me decía. Pero no se puede hacer nada porque aunque yo lo quisiera no todos mis trozos pertenecen a ese mundo de Bruno,... (81)

¿Por qué? cuando parecía que aprehender el mundo era una labor de ensanchamiento y las experiencias de los tres, un espejo de tres caras. El espejo se ha roto. Siete años de mala suerte, diría, (hace una vida) mi nana. Siete años de mala suerte, mientras rociaba el sitio con agua para limpiar el maleficio. Mi espejo se ha quebrado en un desierto. No tengo agua, no puedo sacudirme la maldición. Espejo roto. (123)

Otra vez resulta el espejo símbolo elocuente de esa búsqueda de identidad, así como de las relaciones de poder entre el mundo masculino y femenino. Compárese, a modo de muestra, el siguiente pasaje de la novela anteriormente citada, *No es tiempo para rosas rojas*, donde la mujer no alcanzaba a ver su retrato nítido y puro, sino «contaminado» por la presencia del varón que está «detrás de ella»:

... tú te morías de la risa y me tomaste por los hombros como si fuera un mecano y me diste la vuelta para que me mirara en el espejo

yo frente al espejo y tú detrás riéndote... (47)

La mujer ahí se quedaba fijada en la mirada masculina como fuente de la verdad última, incapaz de autocontemplarse sin espejos ajenos:

...tus ojos me miraban tus ojos que eran tus ojos y ninguna otra cosa que tus ojos en mis ojos mirándome como espejos donde me miraba y podía verme yo y otra que también era yo y otra que también podría ser yo y era yo misma mirándome en un espejo que contenía a otro espejo que contenía a otro espejo y a otro y a otro. (166)

En cambio, en *Casi en silencio*, el auténtico espejo resulta ser el hijo que Virginia, despojada ya de su condición de terreno «virgen», de la página en blanco en la que los varones pudieran inscribirse, decide tener para sí misma:

> ...se prolongarán los dos si mi hijo se me parece; yo creceré también al multiplicarse mi imagen, al encontrarse ellos en aquel hijo que me refleja y los recibe. [...]
>
> Dejaré que el tiempo transcurra contemplándome en el espejo, aprendiendo de memoria cada uno de mis rasgos, pensando, pensando tanto que al fin infunda, como la vida al ser nuevo, mi rostro a su cuerpo. Mi hijo debe ser como yo para que Bruno y Gabriel -ambos- se conviertan en su verdadero padre. (103)

En *Patas de avestruz*, también cobra vida propia el espejo, pero esta vez no en forma de un hijo, imaginario, nonato, sino en persona de la hermana inválida de la protagonista Alcira que, al principiar el relato, tiene cuatro años. La hiperidentificación de la sana con la espástica toma su arranque del hecho de haber sido paridas ambas por la misma madre, cosa que (a pesar de que la madre, como persona, resulta repugnante y autoritaria, falta de emociones y actitudes solidarias) funda una auténtica tradición femenina: «haber sido despedidas por las mismas caderas nos hace iguales, nos hace la misma» (4).

Saltan a la vista, empero, las innegables diferencias entre una y otra: «mi hermanita no tiene fuerzas y yo sí» (67); la más radical de todas, que «mi hermana [...] nunca cambia» (141), que Mariana es «frágil, inmóvil» (216), como su muñeca. Dicho con otras palabras, en este texto la imagen de la mujer se ve escindida entre una pasiva y otra activa, que a todo lo largo del relato no hace sino tratar de adquirir personalidad, de constituirse como personaje con voz propia. «La muñeca no me gusta» (43) dice Alcira, ya a los cuatro años, y va resolviendo, en un proceso más que doloroso, el difícil juego de equilibrio entre identificación/simbiosis y distanciamiento. Las voces narrativas, en este caso, consisten en un *yo* muy fuerte perteneciente a Alcira, que cambia sus matices a lo largo del proceso de evolución visible y audible (la protagonista, al final de la novela, tiene diecisiete años, pero mira lo acontecido a través de una distancia de veinte años más), una tercera persona balbuceada en el lenguaje rudimentario de la enferma y un *yo/vos* articulado por el personaje masculino Jorge, enemigo al principio y amante hacia el final. Se alcanza, por lo tanto, una triple presencia de Alcira, que llega a abarcar el espectro completo de las tres personas: yo, tú, ella.

No cabe duda de que, en esta novela, el sujeto de acción es la mujer misma, aunque tarda en adquirir conciencia completa de su identidad (en eso consiste el proceso del texto, en esa toma de conciencia). Las otras voces son voces accesorias, que completan la imagen, pero por lo demás, todo es visto desde dentro, desde una interioridad a trechos casi exagerada, desde el mismo flujo de la sangre y los intestinos, los jugos gástricos de la protagonista. Lo más sorprendente e impresionante en esta novela es quizás precisamente esa corporalidad inaudita, que no deja de nombrar ni una sola parte del cuerpo, sobre todo del cuerpo femenino. Así, una de las diferencias marcadas entre las dos hermanas consiste también en que la inválida nunca tendrá relaciones sexuales. Jorge habla de «esa hermana sin clítoris que tenías» (284), en el mismo momento en que hace estallar el clítoris de Alcira en un orgasmo formidable.

El final, lógicamente, debe desembocar en la muerte de la mujer pasiva, la enferma, la inmóvil, pero sin que la otra se sienta asesina. Entonces se busca otro tipo de espejo; el texto. En el cuento que acaba escribiendo la joven protagonista, ella «mata» a su hermana, pero también le otorga existencia, a ella y a sí misma. El baile final con sus aspectos carnavalescos, no es sino el remate triunfal de un proceso dolorosísimo en el que Alcira supera la «mujer vieja», la paralítica. Ahora quiere moverse:

> Quiero moverme. Ahora quiero sacudirme. Con armonía y con violencia. Sacar a vómitos lo que siento que me sobra. (336)

Una de las últimas imágenes es, otra vez, un espejo:

> Veo de costado un reflejo en los vidrios de la puerta cancel y me confundo, me pregunto hasta dónde soy yo o soy la otra, la que

parezco aquí, en esta danza. Y me veo en el reflejo del vidrio y te recuerdo, y giro hacia el sillón para mirarte.

Y trato de que entiendas, miedo de qué tenés, soltá las manos, yo no voy a dejarte caer. Voy a tenerte por los brazos para que puedas bailar. Yo te sostengo. (339)

De este modo, incluso la mujer «deficiente» adquiere, más allá de su muerte, agilidad, vida propia, sostenida por la actitud solidaria y juguetona de la hermana que la saca a bailar. A pesar de tantas lágrimas y tantos hechos dolorosos filtrados a través de este texto, acaba desembocando en una gran risa. El mismo infierno visto ya en la novela de Gambaro (el de las relaciones familiares), a través de su percepción hasta el más mínimo detalle por un sujeto activo, decidido a cambiar todo, a ser diferente, a actuar distinto, es superado, redimido y el mismo sufrimiento alzado a un nivel más alto.

me gusta que me pasen cosas fuertes, demasiado fuertes. Se me renueva algo adentro cuando puedo sentir a fondo el sufrimiento. Es como si me rompiera, me desgarrara, y después pudiera disfrutar la reconstitución de los tejidos: cada molécula. (287)

Espejos, como espejos. No. Es diferente. En el espejo yo podría ver mi propia imagen. Aquí se trata de otra cosa. Aquí se trata de escaparse de lo sólido... (328-s.)

En la literatura contemporánea latinoamericana de mujeres hay un fenómeno de dos caras, aparentemente contradictorias entre sí, pero en realidad complementarias: por una parte, el reconocimiento importante de que en una mujer concreta «caben muchas mujeres en el cuerpo y que yo sólo conocí a unas cuantas» (Mastretta, 214; esta frase me gustaría entenderla como lema de este ensayo). Por otra, la fusión progresiva de imágenes femeninas, hasta ahora antagónicas, como la de «santa» o «puta», hacia una imagen única y multifacética, para poder abordar todas estas facetas y dimensiones (en parte aún poco tratadas). Un ejemplo de esta tendencia a reintegrar la imagen difuminada, escindida y distorsionada en la sala de los espejos de la literatura de hombres, a reconciliar la imagen de lo femenino consigo misma, con su otra mitad desplazada sería el relato «Cuando las mujeres quieren a los hombres» de Rosario Ferré (en: *Papeles de Pandora*, 26-44). Este se ha convertido en «manifiesto textual de una generación» de mujeres. La esposa decorosa y la prostituta de Don Ambrosio, Isabel Luberza e Isabel la Negra, se mezclan a lo largo de la narración indisolublemente, pues:

> Nosotras, tu querida y tu mujer, siempre hemos sabido que debajo de cada dama de sociedad se oculta una prostituta. [...] Porque nosotras siempre hemos sabido que cada prostituta es una dama en potencia. [...]. Porque nosotras, Isabel Luberza e Isabel la Negra, en nuestra pasión por ti, Ambrosio, desde el comienzo de los siglos, nos habíamos estado acercando, nos habíamos estado santificando la una en la otra sin darnos cuenta, purificándonos de todo aquello que nos definía, a una como prostituta y a otra como dama de sociedad. (27)

Y parece como si a través de la desaparición de un primitivo «divide et impera», con el que las definiciones masculinas pusieron una cuña entre mujeres de diversa procedencia social, éstas, sin distinción de clase o raza, aprendieran a identificarse solidariamente por medio de la experiencia común de una represión masculina. Así, al final del relato, ya no se tiene certeza de quién es la blanca y quién la negra, quién la dama honrosa y quién la puta famosa en toda la ciudad. Al mismo tiempo el espejo del reconocimiento, hasta ahora empañado, permite nuevamente el reflejo de una imagen nítida:

> Porque hasta ahora [...] no he comprendido todo este sufrimiento, todas estas cosas que me han atormentado tanto, sino oscuramente, como vistas a través de un espejo enturbiado, pero ahora voy a ver

claro por primera vez, ahora voy a enfrentar por fin ese rostro de hermosura perfecta al rostro de mi desconsuelo para poder comprender. (44)

(Traducción del alemán por Jacinto Jaén Benítez)

Obras citadas

Agosín, Marjorie: *Hogueras*, Santiago de Chile: Edit. Universitaria, 1986.

Allende, Isabel: *La casa de los espíritus*. Esplugues de Llobregat: Plaza y Janés Editores, [13]1984.

Angel, Albalucía: *Estaba la pájara pinta sentada en el verde limón*. Bogotá: Colcultura, 1975.

Belli, Gioconda: *Poesía reunida*. México: Diana, 1989.

Bombal, María Luisa: *La última niebla/La amortajada*. Barcelona: Seix Barral, 1984.

Boullosa, Carmen: *Antes*. México: Vuelta, 1989.

Mejor desaparece. México: Océano, 1987.

Papeles irresponsables. México: Juan Pablos Editor/UAM, 1989.

Burgos, Elizabeth (ed.): *Me llamo Rigoberta Menchú y así me nació la conciencia*. México: Siglo XXI, [5]1992.

Castellanos, Rosario: *Oficio de tinieblas*. México: Joaquín Mortiz, 1962.

Balún-Canán. México: Fondo de Cultura Económica, 1973 (3ª reimpr. de la 2ª ed.).

Fernández Olmos, Margarite (ed.): *El placer de la palabra: literatura erótica femenina de América Latina*. México: Ed. Planeta, 1991.

Ferré, Rosario: *Papeles de Pandora*. México: Joaquín Mortiz, 1976.

Forgues, Roland: *Palabra viva. Tomo IV. Las Poetas se desnudan*. Lima: Ed. El Quijote, 1991.

Gambaro, Griselda: *Ganarse la muerte*. Buenos Aires: Ediciones de la Flor, 1976.

González, Patricia Elena/Ortega, Eliana: *La sartén por el mango*. Encuentro de escritoras latinoamericanas. Río Piedras: Ediciones Huracán, ²1985.

Guerra Cunningham, Lucía: «Hacia una estética femenina», in: Alcira Arancibia, Juana (ed.): *Evaluación de la literatura femenina de Latinoamérica, siglo XX*. II Simposio Internacional de Literatura. San José: Editorial Universitaria Centroamericana, 1985. Tomo I: 27-37.

Más allá de las máscaras. Pittsburgh: Latin American Literary Review Press, 1986 (2ª ed. Santiago de Chile: Cuarto Propio, 1990).

Istarú, Ana: *La estación de fiebre*. San José: EDUCA, 1986 (3ª ed.).

Juana Inés de la Cruz, Sor: *Obras selectas*. Prólogo, selección y notas Georgina Sabàt de Rivers y Elías L. Rivers. Barcelona: Editorial Noguer, 1976.

Kozameh, Alicia: *Patas de avestruz* (manuscrito sin publicar). Los Angeles, 1989.

Madrid, Antonieta: *No es tiempo para rosas rojas*. Caracas: Monte Avila, ²1983.

Manca, Valeria (ed.): *El cuerpo del deseo: poesía erótica femenina en el México actual*. México: UAM, 1989.

Mastretta, Angeles: *Arráncame la vida*. México: Aguilar, León y Cal Editores, 1989 (2ª ed. en Cal y Arena).

Mendoza, María Luisa: *De ausencia. Novela*. México: Joaquín Mortiz, ³1984.

Mercado, Tununa: *Canon de alcoba*. Buenos Aires: Ada Korn Editora, ²1989.

Ollé, Carmen: *Todo Orgullo Humea la Noche*. Lima: Lluvia, 1988.

Parra, Teresa de la: «Ifigenia», en *Obra* (Narrativa - ensayos - cartas). Selección, Estudio Crítico y Cronología Velia Bosch. Caracas: Biblioteca Ayacucho. 1982: 3-313.

Tres conferencias inéditas. Caracas: Edic. Garrido, 1961.

Peri Rossi, Cristina: *Solitario de amor*. Barcelona: Grijalbo, ²1988.

Pettersson, Aline: *Casi en silencio*. México: Premiá Editora, 1980.

Pfeiffer, Erna (ed.): *AMORica Latina: Mein Kontinent - mein Körper*. Viena: Wiener Frauenverlag, 1991.

Poniatowska, Elena: *Hasta no verte, Jesús mío*. México: Era, 1969.

Raznovich, Diana: *Mater Erotica*. Barcelona: Robinbook, 1992.

Roffiel, Rosamaría: *Corramos libres ahora*. México: Femsol, 1986.

Rojas Sanín, Conny: *Lunas y duendes*. Medellín: Sánchez Angel, ²1989.

Ruy Sánchez, Alberto: *Los nombres del aire*. México: Joaquín Mortiz, 1988.

Shua, Ana María: *Los amores de Laurita*. Buenos Aires: Edit. Sudamericana, 1984.

Steimberg, Alicia: *Amatista*. Barcelona: Tusquets Editores, ²1990.

Suárez, Carmen Cecilia: *Un vestido rojo para bailar boleros*. Bogotá: Arango, ⁴1992.

Suárez, María del Carmen: *Entendimiento de los cuerpos*. Buenos Aires: Editorial Cisandina, ³1985.

Valvidieso, Mercedes: *La brecha*. (1961) Pittsburgh: Latin American Literary Review Press, ⁶1986.

Valenzuela, Luisa: *Cambio de armas*. Hanover. Ediciones del Norte, 1982.

«Simetrías», en: *Atenea*, año IX, 3ª época, nº 1-2, Puerto Rico, junio-diciembre 1989.

Vega Carney, Carmen: «`Cuando las mujeres quieren a los hombres' - Manifiesto textual de una generación», in: Myers, Eunice/Adamson, Ginette (eds.): *Continental, Latin American and Francophone Women Writers*. Selected Papers from the Wichita State University Conference on Foreign Literature, 1984-1985. Lanham/New York/London: University Press of America, 1987: S.183-193.

Viteri, Eugenia: *Las alcobas negras*. Quito: Universidad Central del Ecuador, 1984.

Vivas, Ana Mercedes: *Las trampas del amor*. Bogotá: Oveja Negra, 1991.

DE *EL CUARTO DE ATRÁS* A *NUBOSIDAD VARIABLE*: LA CONQUISTA DE LA AUTORIDAD ESCRITURARIA EN LA OBRA DE CARMEN MARTÍN GAITE

Jacqueline Cruz
California

En su ensayo «La búsqueda de interlocutor» (1966), Carmen Martín Gaite señala que «Cuando vivimos, las cosas nos pasan, pero cuando las contamos, las hacemos pasar; y es precisamente en ese llevar las riendas el propio sujeto donde radica la esencia de toda narración» (18). La narración viene a ser, por tanto, una forma de *autoría* de la propia vida y sobre ellas -la narración y la vida- el hombre posee la *autoridad*. Utilizo el masculino *hombre* intencionadamente, pues a la mujer no le resulta tan fácil ni la autoría de su destino ni, menos aún, la autoridad sobre la narración, oral o escrita, que formula. Martín Gaite es plenamente consciente de esta situación, hasta tal punto que sus sucesivas novelas pueden verse como la plasmación del difícil proceso de conquista de la autoridad escrituraria por parte de la mujer, proceso que culmina en las dos más recientes, *El cuarto de atrás* (1978) y *Nubosidad variable* (1992). En el presente trabajo analizaré el tratamiento de esta problemática en las dos obras; concretamente, la evolución desde una postulación vacilante de su autoría/autoridad hasta una afirmación rotunda de la misma.

En su estudio *The Madwoman in the Attic*, Sandra Gilbert y Susan Gubar tratan extensamente el tema de la «ansiedad de autoría» (*anxiety of authorship*) que afecta a la mujer escritora y que deriva ante todo del hecho de que en la cultura patriarcal la pluma (*pen*) funciona metafórica, y a veces casi literalmente, como pene (*penis*). Como Dios en relación con el universo y el progenitor en relación a sus hijos, el *autor* (masculino) se arroga la *paternidad* y propiedad de su obra y de los personajes que la pueblan y, por ende, la *autoridad* sobre ellos (4-7). Al intentar escribir, la mujer se enfrenta a numerosos obstáculos: la ideología dominante le enseña que, por definición, está incapacitada para hacerlo (carece del pene que es fuente de toda creación) y el canon, que ha excluido a casi todas las mujeres que han demostrado lo contrario, corrobora dicha incapacidad. Por otra parte, la cultura literaria de occidente propone una esencia femenina presuntamente innata y unos modelos de comportamiento que dificultan cualquier tipo de rebeldía contra el sistema patriarcal y marcan la actividad intelectual de la mujer como «inapropiada» (Gilbert y Gubar 50), cuando no «pecaminosa».[1] No es de extrañar, entonces, que aun cuando empuñe la pluma y niegue con su producción, y a veces incluso con su éxito de público, estos dictámenes, la mujer escritora tienda a recurrir a diversos subterfugios para legitimar su autoría/autoridad. En el siglo XIX muchas escritoras justifican su dedicación a la literatura colocándola al servicio de causas «nobles» o alegando perentorias necesidades económicas (Showalter 22; 54). En otros casos, presentan a la escritura como algo que no depende de su voluntad o la proyectan, mediante el uso de seudónimos, en *personas* (máscaras) masculinas (Showalter 83; 58).

El cuarto de atrás marca un hito fundamental en la novelística de Martín Gaite: por primera vez en su universo ficticio la mujer accede plenamente a la narración y a la escritura. Antes habían aparecido narradoras femeninas en primera persona pero, o bien su narración personal se limitaba a un solo aspecto de lo relatado (el sueño de Matilde en *El balneario*), o bien ocupaba un lugar cuantitativamente minúsculo (los dos capítulos del diario de Tali en *Entre visillos*, que contrastan con los siete narrados por Pablo Klein y los nueve de narrador omnisciente), o compartían este papel más o menos equitativamente con un hombre (los monólogos alternantes de Eulalia y Germán

---

[1] Martín Gaite reconoce esta influencia de la literatura sobre el comportamiento femenino cuando habla en *El cuento de nunca acabar* de las mujeres noveleras: «vine a deducir no sólo que la mujer novelera había existido siempre, sino que era la misma literatura la que, al rescatarla de la vida, podía haber definido su imagen como ejemplo propuesto para ser rechazado» (97).

en *Retahílas*). Tampoco existían hasta ahora personajes femeninos que se realizaran como artistas. En *Entre visillos* la pintura de Elvira es estrictamente privada y menospreciada por ella misma, mientras que en *Fragmentos de interior* la creación poética de Agustina se limita a su juventud y resulta minada por la valoración negativa que de ella hace su esposo. En contraste, la protagonista de *El cuarto de atrás*, Carmen, no sólo asume en primera persona la narración de la obra, sino que además es novelista. Y, frente a tantas de sus antecesoras que se ocultaron bajo el anonimato o el seudónimo masculino, Martín Gaite reivindica su profesión de escritora: la protagonista es ella misma y a lo largo de la novela abundan las referencias a su producción literaria anterior.

La misma autoría/autoridad tan rotundamente proclamada es socavada dentro de la obra al ser delegada en, o cuando menos compartida con, un hombre, el visitante de negro. La crítica coincide en señalar que este personaje colabora en la preparación de la novela interna:[2] con sus preguntas da pie para que la narradora bucee en sus recuerdos y con sus comentarios profesorales sobre lo fantástico la insta a escribir una obra que supere las carencias de *El balneario*. Es también, de algún modo, «transcriptor» de la misma: cuando ella le pregunta que por qué, a diferencia de los entrevistadores normales y corrientes, no se ha traído un magnetofón, él responde que tiene «un aparato más sutil para que queden grabadas las cosas, más arriesgado también» (186), en alusión al montón de folios que va creciendo misteriosamente durante su visita y que al final sabremos que conforma precisamente *El cuarto de atrás*. Pero su papel va más allá del de cocreador de la novela: en realidad, es él quien le da a la narradora «permiso» para escribir (Zecchi 78); quien, por tanto, posee la *autoridad*. Más aún, el hecho de que ella no recuerde haber escrito los folios mencionados insinúa que al hombre se debe también la *autoría* de la novela interna.

La *autoridad* del hombre de negro no se limita al terreno litera-

---

2   Puesto que la novela que, dentro de *El cuarto de atrás*, escribe la narradora es esta misma, utilizo el término *novela interna* para distinguirla de la novela de Martín Gaite, es decir, la que el/la lector/a tiene en sus manos.

rio, sino que afecta a la narradora también en el aspecto vital. Según lo expresa ella misma, parecía «como si fuera él el dueño de la casa y yo la visitante» (33). El la *autoriza*, e incluso la estimula, a «fugarse» («el juez ha descubierto al fugado, lo ha absuelto y le ha amonestado para que se siga fugando» [126]), actividad que tanto en sentido literal como metafórico le estaba terminantemente prohibida a la mujer durante el franquismo. En este sentido, el hombre de negro es uno más en la larga lista de personajes masculinos que actúan como portavoces del discurso feminista en la obra de Martín Gaite (Pablo Klein en *Entre visillos*, David Fuente en *Ritmo lento* y Germán en *Retahílas*), y por medio de los cuales la autora sugiere que al hombre le es más fácil ser «feminista», por cuanto dicha postura no le acarrea el ostracismo al que, en cambio, es condenada toda mujer que se atreva a cuestionar el orden patriarcal. A otro nivel, si trasladamos la autorización a la fuga por parte del hombre de negro al ámbito social de los años 70, podemos concluir -y el mensaje no puede ser más desesperanzador- que de las (limitadas) conquistas del feminismo español es responsable, no la militancia de la mujer, sino el hombre, quien, magnánimamente, se digna a cederle una fracción de su poder.

Tampoco es el misterioso visitante el único hombre que controla el discurso de la narradora en *El cuarto de atrás*. Tzvetan Todorov, de quien según algunos críticos el hombre de negro es trasunto, proporciona el modelo de lo fantástico al que se ajusta la novela: un relato en el que la ambigüedad en torno al carácter -real o imaginario- de los sucesos narrados no llega a resolverse. Más importante todavía es el papel de Franco. El hecho de que el germen de la novela haya surgido precisamente el día de su entierro resulta altamente significativo: si la narradora está *autorizada* para escribir una obra en la que se aborda la historia de la posguerra desde una perspectiva crítica ello se debe a que el dictador, hasta entonces, «unigénito, indiscutible y omnipresente» (132), ha perdido su *autoridad*, esa autoridad gracias a la cual se erigió en *autor* de España, construyendo una imagen y una historia (falsas) del país a golpe de discursos propios y de la censura de los ajenos. En cierto sentido, Franco encarna al patriarca absoluto, de ahí que la narradora se identifique con Carmencita Franco: pese a su estatus privilegiado, como mujer ésta también es víctima de la ideología brutalmente represora difundida, a instancias del padre-tirano, por la Sección Femenina, la cual la condena al encierro y le deja como único consuelo posible la evasión hacia los espacios imaginarios de la novela rosa: «nuestros hijos puede que sean distintos, pero nuestros sueños seguro que han sido semejantes» (136-137).

Martín Gaite no se limita a registrar pasivamente los obstáculos que encuentra la mujer escritora. Antes bien, *El cuarto de atrás* representa un terreno de lucha contra ellos. En primer lugar porque, según se desprende de su obra ensayística, narrar es por definición un ejercicio subversivo, en la medida en que el afán de modificar la realidad que lo inspira supone una «rebeldía a prestar ciega adherencia a los argumentos de *autoridad*» (*Cuento* 150; el subrayado es mío). La novela contiene, además, numerosos elementos subvertidores de los sistemas dominantes, literarios tanto como extraliterarios. En ella se reescribe la historia de la posguerra canonizada por el franquismo y, sobre todo, el papel de la mujer. Al hablar extensamente de sus vivencias como mujer y de aspectos que, como «Los peinados, los guisos y las labores de modistería eran un negocio doméstico y, en cierta medida, personal y secreto» (67), Martín Gaite saca a la mujer del «cuarto de atrás» en el que la enclaustrara el régimen para colocarla en el «cuarto de delante»[3] de la literatura y la historia. De ahí en parte su uso del género fantástico, el cual, según Rosemary Jackson, «traces the unsaid and the unseen of culture: that which has been silenced, made invisible, covered over and made `absent' « (p.4). Se trata de un género subversivo porque, como señala la misma Martín Gaite en una conferencia de 1990, «pone en entredicho las ideas recibidas» (*Agua* 158). Lo fantástico en su modalidad todoroviana es subversivo aun a otro nivel: la defensa de la ambigüedad implica una transgresión del obsesivo afán del régimen franquista por evitar «las medias tintas» y «el color gris» (*Agua* 85), así como del dogma central de la Sección Femenina, esa «alegría [que] se oponía, fundamentalmente, a la *duda*» (*Cuarto* 96); el subrayado es mío).

---

3   Tomo prestado este término de Blas Matamoro, quien habla de los «cuartos de adelante» de la casa y el yo, esos «cuartos» ordenados y conformistas contra los cuales se rebela Martín Gaite en esta novela (597).

El respeto al criterio todoroviano de la ambigüedad no impide que Martín Gaite elabore en *El cuarto de atrás* un relato fantástico que quiebra las normas del género: incorpora ingredientes totalmente ajenos a él -la historia- y sintetiza dos temas, los «del yo» y «del Otro», que Todorov considera incompatibles. En un primer análisis, la novela parece ajustarse a la problemática del «yo» tal como la plantea el teórico estructuralista: aparecen elementos como el desdoblamiento de la personalidad, los saltos bruscos de tiempo y el espejo (Glenn 169), así como el mundo de la infancia y las drogas. Pero los temas «del Otro», caracterizados, todavía según este crítico, por la importancia del discurso y el protagonismo del deseo sexual, son igualmente relevantes. La novela constituye la transcripción de un diálogo y el hombre de negro, personaje diabólico como muchos de los que en la literatura fantástica encarnan la libido (Todorov 127), representa una proyección del deseo reprimido de la narradora. Es aquí donde confluyen relato fantástico y novela rosa: el misterioso visitante es un hombre ideal de acuerdo con los patrones de esta última, una materialización adulta del Alejandro que Carmen y su amiga inventaron en la adolescencia. También las normas de la novela rosa son transgredidas. En contraste con el final feliz, simbolizado por el matrimonio, típico del género, la desaparición del hombre de negro en *El cuarto de atrás* insinúa que el hallazgo del hombre ideal es una experiencia inevitablemente fugaz, cuando no puramente ilusoria. Tampoco respeta Martín Gaite el ideal femenino de «debilidad» entronizado por la novela rosa. Como señala Debra A. Castillo, mientras que la protagonista de la novela de Elizabeth Mulder *Luna de las máscaras*, en la cual Martín Gaite parece haberse inspirado para algunos detalles, termina suicidándose, desesperada por su fracaso amoroso, la narradora de *El cuarto de atrás* simplemente se duerme (822). Otro género que aparece subvertido en la novela es el de las memorias. Uno de los propósitos de la narradora al enmarcar sus recuerdos de la posguerra en un relato fantástico es el de corregir los defectos que percibe en las memorias (por lo general masculinas) que proliferaron a raíz de la muerte de Franco: su falta de amenidad y la pretensión a la objetividad de que hacen gala. De esto último se queja en un ensayo de la misma época: «¿Desde qué punto de vista seleccionan sus datos los testigos? Pregunta que se ha ido instalando con mayor desconfianza cuanto más objetivas se declaraban las versiones de esos presuntos testigos» (*Agua* 86-87). Frente al afán «pretencioso» (masculino) de captar la Historia con mayúscula, Martín Gaite opta por el modesto («femenino») esfuerzo de rescatar la historia con minúscula desde una perspectiva personal:

> El testigo pretencioso se arroga la misión olímpica de estar contando la Historia, se siente en posesión de la verdad blanca o de la verdad negra. El testigo vocacional se limita a contar historias, sin más, porque le gusta hacerlo, o recordar lo que vio, porque supo mirar. (*Agua* 87)

Esfuerzo que resulta, por cierto, más fidedigno. Es en las historias con minúscula donde, como creía también Unamuno, se encuentra la verdad, y donde se puede transmitir una «idea cabal de los tiempos que se describen» (*Agua* 86).

La subversión de los géneros literarios que realiza Martín Gaite es un recurso frecuente en la escritura femenina:

> women ... may have attempted to transcend their anxiety of authorship by *revising* male genres... Thus the authors managed the difficult task of achieving true female literary authority by simultaneously conforming to and subverting patriarchal literary standards. (Gilbert y Gubar 73)

La autora salmantina no se limita a subvertir géneros individuales, sino que mina globalmente toda la normativa patriarcal en torno a ellos. Siguiendo la libertad desordenada que en su niñez propiciaba el cuarto de atrás, se enfrenta a los dictámenes de lo que Derrida llama *la loi du genre* y según la cual los géneros no deben mezclarse (Castillo 815): combina novela fantástica, novela rosa y autobiografía, ensayo histórico y teoría literaria, géneros no sólo incompatibles en la visión tradicional, sino pertenecientes a ámbitos opuestos, lo «femenino» (novela rosa y autobiografía) y lo «masculino» (ensayo y teoría), la esfera privada y la pública. Con ello Martín Gaite, al igual que tantas otras mujeres escritoras, borra las lindes entre ambas esferas y cuestiona la artificial separación entre ellas que el patriarcado ha establecido con el fin de recluir a la mujer en el «cuarto de atrás» de la sociedad.

El afán subversivo que informa la obra alcanza también a la sumisión al orden patriarcal que implica ungir al hombre de negro con la *autoridad* escrituraria de la novela interna. En este sentido, *El cuarto de atrás* representa ese «lenguaje híbrido» del que habla Francine Masiello, un lenguaje «que reconozca las estructuras de poder a la vez que ofrezca una alternativa a las mismas» (56): coloca al hombre en posición de autoridad, pero del mismo golpe lo derriba. En un primer nivel, la escritora/narradora se rebela contra su *autoritarismo*: aunque visiblemente influida por sus comentarios, no sigue a pies juntillas sus consejos. La Carmen Martín Gaite narradora hace caso omiso de su sugerencia de comenzar la novela hablando sobre la escasez (178), mientras que, pese a las prevenciones del visitante contra el género histórico, la Carmen Martín Gaite escritora publica posteriormente, en 1987, un ensayo histórico cuyo título, *Usos amorosos de la postguerra española*, el hombre de negro criticara («No me gusta nada» [198]). Pero su *autoridad* es minada ante todo por el hecho de tratarse de una novela fantástica: según numerosos indicios la explicación más probable (aunque dada su irresoluble ambigüedad no podemos estar seguras) es que los sucesos relatados han sido un sueño, con lo cual el visitante se convierte en un mero *personaje creado por la mujer*. La autoridad sobre la novela, *y sobre el hombre*, revierte por tanto sobre ella. Lo dicho permite reinterpretar la extrañeza de la narradora ante los folios que se «escriben solos», y que antes atribuí a su no-*autoría* de los mismos, como una plasmación simbólica de esa tendencia femenina a eludir la responsabilidad sobre su escritura a la que se ha referido Hélène Cixous: «if a woman is to write, she will feel guilty about her desire to obtain mastery over language unless she can *fantasize* away her own responsibility for such an unspeakable wish» (Moi 118; el subrayado es mío). El que no recuerde haberlos escrito apunta además a la idea, señalada por algunas teóricas feministas, de que, por utilizar un lenguaje prestado (el del hombre), la mujer escritora no se reconoce en su obra (Fontcuberta 62).

Precisamente, en una reseña sobre Esther Tusquets contemporánea de *El cuarto de atrás* (5 de junio de 1978), y que supone una de sus pocas tomas de postura explícitamente feministas, Martín Gaite defiende la necesidad de que las mujeres cultiven un lenguaje propio:

> siempre he estado convencida de que cuando las mujeres, dejándose de reivindicaciones y mimetismos, se arrojan a narrar algo con su propia voz y a escribir desde ellas mismas, desde su peculiar experiencia y entraña de mujeres (lo cual, por desventura para las letras, ocurre bien pocas veces), descubren el universo a una luz de la que el «hombre-creador-de universos-femeninos» no tiene ni la más ligera idea. (*Agua* 218)

No puede hablarse de un triunfo total de lo femenino en *El cuarto de atrás*, puesto que el hombre de negro desempeña todavía el papel protagónico de interlocutor. Ello es quizá inevitable: dada su posición hegemónica, el hombre es visto habitualmente, usando la terminología de Susana Reisz, como el «representante acreditado» de la sociedad. Este constituye esa «suerte de *oyente ideal* que encarna la visión del mundo, los patrones evaluativos y las formas de expresión típicas de la comunidad lingüística de la que [el/la autor/a] siente que forma parte» (10; el subrayado es mío). A otro nivel, su función de interlocutor remite al hecho de que, a consecuencia del adoctrinamiento al que es sometida desde la infancia, la mujer cifra todas sus perspectivas de felicidad y autorrealización en el hombre. En *El cuento de nunca acabar* la autora señala que el amor es inseparable de la narración. «Lo primero que surge en los grandes amores creo que es esta ilusión (más o menos trabajosamente convertida luego en certidumbre) de que nos hemos topado con aquel interlocutor añorado desde la infancia» (264). Siguiendo la idea expresada en el subtítulo de este ensayo -*Apuntes sobre la narración, el amor y la mentira*-, *El cuarto de atrás* presenta esta ilusión como engañosa: el destinatario ideal de los ensueños amorosos, que es también el interlocutor ideal de la narración femenina, existe sólo en la imaginación. Aun así, la conclusión de la obra parece ser que la mujer puede asumir las riendas de su destino por medio de la narración y transgredir el orden patriarcal mediante la escritura, pero que «no puede prescindir del hombre» (Zecchi 86).

Habrá que esperar a su última novela, *Nubosidad variable*, para que el hombre se vuelva prescindible y para que Martín Gaite profundice en los esbozos liberadores de *El cuarto de atrás*. En *Nubosidad variable* no sólo reivindica sin ambages la autoría/autoridad de la mujer sobre su propia obra, sino también -y ello es quizá lo más significativo- la especificidad de lo femenino.

Al igual que *El cuarto de atrás*, *Nubosidad variable* es una novela autorreflexiva. Los diarios de Sofía Montalvo y las cartas de Mariana León ocupan capítulos alternos y el epílogo final muestra a las dos amigas cotejando sus textos, a los que dan el título de *Nubosidad variable*. Antes, habían aparecido diversas alusiones a la posibilidad de fundirlos en una obra única, de la que Jorge Herralde podría ser el editor (lo será). Hay, pues, dos narradoras en primera persona que escriben. En contraste con la protagonista de *El cuarto de atrás*, no son escritoras profesionales, pero sí son las únicas *autoras* textuales de la novela. En su discurso no hay ningún tipo de interferencia masculina, ni siquiera como estímulo generador. Son ellas dos quienes, al reencontrarse en la madurez, se alientan mutuamente a escribir. Resulta de sumo interés el que la obra constituya lo que Pilar de la Puente Samaniego denomina una novela «coral» (405). Frente al individualismo feroz impuesto por la ideología patriarcal y que en el terreno literario se traduce en el deseo del autor de ser el único creador (padre) de su obra, aquí se asume la literatura como tarea de colaboración: «mi discurso se engarza con el suyo, aunque cada cual lleva su camino, y ni ella ni yo sepamos si van a encontrarse, ni cuándo» (196). La propuesta de una escritura colectiva femenina aparecía esbozada en *El cuarto de atrás* como deseo irrealizable: la narradora recordaba con nostalgia la inacabada novela rosa que ella y su mejor amiga de adolescencia, Sofía Bermejo, intentaran. Ahora se cumple por fin este deseo: Mariana y Sofía (no casualmente homónima de la amiga añorada por Martín Gaite), llevan a término su empresa de elaborar una novela a dos voces.

En *El cuento de nunca acabar* la autora señala que, al contar, «el narrador ... está tomando sustancia para su cuento de otro perenne y subterráneo manantial en el que todos bebemos desde temprana edad: el de la literatura existente antes de que él se pusiera a contar», y que «Supondría por nuestra parte una ciega arrogancia atribuirnos la exclusiva *paternidad* de un relato» (79; 92-94; el subrayado es mío). Este reconocimiento, que contrasta con la ansiedad de influencia que tanto afecta a los escritores masculinos,[4] desempeña un papel central en *Nubosidad variable*, donde abundan las referencias a ese «subterráneo manantial». Y también en este sentido la escritura se plantea como tarea de mujeres, pero las filiaciones literarias que Martín Gaite establece a lo largo de la novela son predominantemente femeninas. En *El cuarto de atrás* ya rendía homenaje a varias mujeres artistas -Carmen Laforet, Carmen de Icaza, Elizabeth Mulder y Concha Piquer-, pero el influjo masculino era todavía fundamental: la novela estaba dedicada a Lewis Carroll, llevaba epígrafe de Georges Bataille y seguía explícitamente el modelo de relato fantástico propuesto por Todorov. Ahora la autora reivindica casi exclusivamente la tradición femenina, una tradición en la que se inserta y con la cual entabla diálogo.[5] Pone la novela bajo la advocación de Natalia Ginzburg con un epígrafe alusivo al acto de escribir que concuerda en gran medida con su propia valoración del fenómeno literario, tal como lo expone en *El cuarto de atrás* y en esta novela: «Cuando he escrito novelas, siempre he tenido

---

4   Martín Gaite no es del todo inmune a esta ansiedad, como se desprende de declaraciones como: «prefería mantener en secreto mi escritura [de *Entre visillos*] para no sentirme influida por nadie»; «A partir de *Retahílas* yo no me siento influida conscientemente por ningún autor» (cit. en Chown 31; Fernández 168). Sin embargo, podemos leer estas declaraciones como una afirmación de independencia con respecto a las influencias *masculinas*, sobre todo si tenemos en cuenta que en la primera entrevista citada alude a una «gente muy crítica» que la rodeaba, sus compañeros (casi todos hombres) de la generación del medio siglo.
5   Esta reivindicación de la tradición femenina la hallamos también en sus ensayos de crítica literaria. Aproximadamente la cuarta parte de los artículos recopilados en la sección «Texto sobre texto» de su reciente volumen *Agua pasada* versan sobre mujeres escritoras, un porcentaje nada desdeñable si tenemos en cuenta el exiguo lugar que la mujer ocupa en el canon literario.

la sensación de encontrarme en las manos con añicos de espejo» (p. 7). La escritura de Mariana mantiene concomitancias con el diario de Katherine Mansfield al que alude en varias ocasiones, pues en ambos se relata «un arduo viaje donde la confesión de impotencia se alterna con los esfuerzos por combatirla y por dejar fe de ella» (181). Corrige, sin embargo, el victimismo de la autora neozelandesa, de cuyas protagonistas Elaine Showalter señala que el momento de «self-awareness» es también el de «self-betrayal» (246). Es precisamente al tomar conciencia de sus contradicciones cuando Mariana deja por fin de traicionarse a sí misma.

También la lectura aparece como actividad femenina solidaria. En su adolescencia, las dos amigas leyeron emocionadas *Cumbres borrascosas*, de Emily Brontë, y Sofía vuelve con frecuencia a la novela. Su esposo se burla diciendo que hacerlo significa «quedarse enquistada» (17), pero ella hace caso omiso de sus críticas. En *Nubosidad variable* Martín Gaite continúa con el homenaje ya presente en *El cuarto de atrás* a Carmen Laforet, autora que debió ejercer un poderoso estímulo sobre su vocación literaria, por representar un ejemplo de que la mujer podía no sólo acceder a la escritura en el sofocante mundo de la primera posguerra, sino incluso ganar el prestigioso premio Nadal.[6] Mariana recuerda cómo en su juventud se identificaba con Andrea, la protagonista de *Nada*, y cómo fue Sofía quien le recomendó la novela, «aunque tu madre no nos la dejaba leer» (216) Este último comentario plasma simbólicamente la oposición del poder patriarcal (del cual es portavoz, en este caso como en tantos otros, una mujer) a que las escritoras establezcan una filiación con sus precursoras.[7] Reitera, además, el carácter transgresor de la lectura ya apuntado por Eulalia en *Retahílas*:

---

6 Como señalan Gilbert y Gubar, para la mujer escritora la existencia de una precursora, «far from representing a threatening force to be denied or killed, proves by example that a revolt against patriarchal literary authority is possible» (49).
7 Es por ello por lo que, según señala Elaine Showalter, «each generation of women writers has found itself, in a sense, without a history, forced to rediscover the past anew, forging again and again the consciousness of their sex» (11-12).

> Leer, desde aquel día, se convirtió progresivamente para mí en tarea secreta y solitaria ... [A]quel asunto de leer... constituyó durante años la materia más peliaguda de mis confesiones por cómo se iba identificando para mí con la noche, con los tactos furtivos, con una rebeldía contra leyes y horarios y un marcado placer por lo prohibido. (34-37)

La reivindicación de lo femenino que Martín Gaite lleva a cabo en *Nubosidad variable* se manifiesta también en su selección de géneros. Si en *El cuarto de atrás* mezclaba, como vimos, géneros literarios «femeninos» y «masculinos», ahora se acoge exclusivamente a dos géneros considerados como «propios» de la mujer: el diario y el epistolar. Al hacerlo cuestiona el lugar secundario que ocupan en el canon patriarcal. Las dos narradoras ven su escritura como susceptible de conformar una novela, y una novela de tal calidad que pueda publicarse en Anagrama: «Puede ser un intercambio precioso éste de tus cuadernos y mis cartas, ¿no te parece? ... Y me pongo a pensar que igual entre lo que traigas tú y lo que tengo yo salía una novela estupenda a poco que la ordenáramos, o incluso sin ordenar» (339). Con ello la autora transgrede nuevamente la barrera entre la esfera pública y el mundo privado de las mujeres en el que la crítica patriarcal ha querido arrinconar este tipo de discursos. Tampoco utiliza estos géneros de acuerdo con la normativa tradicional, sino que continúa con la fusión (subversiva) de los mismos ya iniciada en *El cuarto de atrás*. El diario, escritura privada por excelencia, que elabora Sofía es en realidad una serie de cartas destinadas a Mariana. El primer capítulo termina diciendo «(Continuará, Mariana, aunque no sé por dónde)», y aun cuando dice más tarde que el estilo epistolar «de momento no me sirve», se dirige frecuentemente a su amiga en segunda persona (19; 150). De modo análogo, las cartas, género interpersonal por excelencia, que escribe Mariana son al mismo tiempo una especie de diario, de ahí que, tras las primeras entregas, renuncie a los elementos propiamente epistolares (fecha, encabezamiento y despedida) de aquéllas.

Con *Nubosidad variable* culmina la hasta ahora fracasada búsqueda de interlocutor por parte de Martín Gaite. Si en sus primeras novelas la autora mostraba la dolorosa ausencia de un interlocutor en la vida de sus protagonistas femeninas, y más tarde dicho interlocutor -siempre masculino- aparecía como encontrable sólo fugazmente, o incluso imaginariamente, en *Nubosidad variable* la comunicación se vuelve por fin posible. Y ello se debe ante todo a que Martín Gaite, al igual que Mariana en un determinado momento de la novela, «cambié de interlocutor sin más ni más» (187) y opta por interlocutoras femeninas: las dos narradoras se destinan mutuamente su creación. En un principio, parece tratarse de la interlocución imaginaria que la autora considera requisito previo para el desenvolvimiento del pensamiento interior y de la narración. Tanto Sofía como Mariana aluden al hecho de que, como lo describe la segunda, la escritura, aun la escritura epistolar, es un «strip-tease solitario» (139) en el que el/la interlocutor/a es un mero pretexto. Dice Sofía: «se me hizo absurdo seguir escribiendo en plan `yoyeo' (como llama Encarna al narcisismo) un cuaderno que, en el mejor de los casos, va a leer una amiga que ya tampoco es mi amiga del bachillerato» (156). Por su parte, Mariana lleva días

> inventando comienzos para una novela epistolar dirigida a un destinatario del que también se ignora casi todo..., mero soporte de retahíla egocéntrica sin otra finalidad que la de explorar un proceso de deterioro gradual que solamente concierne a quien lo está en parte padeciendo y en parte provocando, que sólo a él [sic] se le antoja novelesco y digno de ser seguido con interés por el presunto lector de esas cartas, una persona desdibujada cuyo nombre, Sofía, coincide con el tuyo. (323-324)

El tener un/a destinatario/a resulta imprescindible para las dos amigas, por cuanto llevan muchos años sedientas de alguien que las escuche. Como psiquiatra, Mariana ha dedicado su vida a ser interlocutora (comprada) de otras mujeres, mientras que a Sofía su papel de madre y esposa tradicional la ha condenado a ser simple «espejo» de los demás:

> Yo era un espejo de cuerpo entero que los reflejaba a ellos [mis hijos] al mirarlos, al devolverles la imagen que necesitaban para seguir existiendo, absueltos de la culpa y de la amenaza, un espejo que no se podía cuartear ni perder el azogue. (40-41)

Su anhelo comunicativo se cumple por fin: Sofía y Mariana son interlocutoras literales una de la otra. Sofía compra un cuaderno para regalarle a Mariana y le envía la primera entrega de su diario. Mariana le envía su primera carta a Sofía. Ambas aguardan con expectación el momento en que podrán comentar sus escritos:

> Te decía antes que mi patria es la escritura. Algún día te invitaré a visitarla. Como cuando de niñas nos leíamos nuestros respectivos diarios... Nos visitaremos, sí, algún día. Tú vendrás a mi país y yo al tuyo, y cada cual mirará el de la otra con ojos de extranjero, aunque consciente de que lo que reflejen será recogido ávidamente por los otros ojos al acecho. (143)

En la medida en que hace posible la escritura, el hallazgo de una interlocutora es lo que las lleva a «recobrar su libertad y domeñar su propio destino» (de la Puente Samaniego 405). Si en *El cuarto de atrás* la escritura era percibida sobre todo como refugio, ahora, pese a conservar todavía ese papel,[8] se convierte ante todo en un proceso terapéutico de aceptación de la «nubosidad variable» de la existencia, de ese estar «al raso» al que tanto temía la narradora de *El cuarto de atrás* (56). A lo largo de este proceso las protagonistas cobran fuerzas para dar un giro radical a sus vidas: la novela deja traslucir que Sofía decide por fin separarse de Eduardo y romper con «las horas podridas

---

8 Dice Sofía: «no hay mejor tabla de salvación que la pluma» (210). Y Mariana: «Acepté mi strip-tease solitario y comprendí que no tengo más refugio que la escritura» (139).

de mi vida entera» dedicadas a ser ama de casa, mientras que Mariana decide por fin asumir sus contradicciones y dejar de torturarse por no poder liberarse del condicionamiento para la dependencia fomentado por los largos años de adoctrinamiento patriarcal: «¡Qué condena llevamos las mujeres con esta retórica de la abnegación, cómo se nos agarra a las tripas, por mucho que nos pasemos la vida tratando de reírnos de ella!» (116; 61). Lo que ambas descubren es que pueden prescindir del hombre. *Nubosidad variable* es, por consiguiente, todo lo contrario de la novela rosa que todavía en *El cuarto de atrás* informaba el discurso de la narradora. La felicidad femenina no se proyecta ya en la esperanza (condenada al fracaso) de un hombre, sino justamente en la superación de dicha esperanza. Resulta altamente significativo el escenario que las dos amigas eligen para poner a punto su novela a dos voces: el chiringuito de Puerto Real donde Mariana vivió hace unos veranos una intensa pasión con Manolo Reina, y donde sufrió en el presente del relato la profunda humillación, no tanto de ser rechazada por él, sino sobre todo de verse actuar como las mujeres dependientes que hasta entonces despreciara.

Nubosidad variable constituye un hermoso canto a la amistad femenina, la cual no es vista con buenos ojos por los hombres: es patente la desazón del dueño del chiringuito ante la reunión que allí celebran Sofía y Mariana. Ello se debe a que la solidaridad entre mujeres supone una rebeldía activa contra el orden imperante, un orden en el que «women in fact police each other on behalf of patriarchal tyranny» (Showalter 117), como lo muestra paradigmáticamente la Sección Femenina a la que Martín Gaite dedica tanta atención en *El cuarto de atrás*, y una transgresión del dictamen según el cual la mujer ha de entrar en competencia con sus hermanas a la caza del hombre-trofeo. En su juventud, Sofía y Mariana cayeron en esta trampa y traicionaron su amistad por culpa de Guillermo, primer amor de ambas. Ahora, con la perspectiva que da el paso del tiempo, reconocen que este personaje fue un mero espejismo en sus vidas: «A través del Guillermo que inventé y que no existía... me amaba más que nunca a mí misma» (Mariana, 109); «Guillermo no alcanzó a rozar más que tangencialmente mi vida cotidiana» (Sofía, 203). Es el cierre de esta vieja herida lo que hace posible la comunicación, una comunicación que hasta esta novela sólo le era dable a la mujer en lo que Barbara Zecchi llama etapa pre-edípica, refiriéndose a aquella que antecede al momento de tener que «dirigir su interés hacia un hombre» (83).

Con *Nubosidad variable* Carmen Martín Gaite revisa, pues, toda su producción anterior y elabora un mensaje auténticamente liberador para la mujer: gracias a la solidaridad femenina y a la renuncia a los ideales (falaces) impuestos por el orden patriarcal, la mujer puede asumir la *autoría* de, y la *autoridad* sobre, su vida y su obra. Salir del «cuarto de atrás» de la sociedad para usurpar, con su propia voz de mujer, el espacio público masculino (el chiringuito de la costa). Superar la «tentación del cuarto cerrado» (90), el aislamiento implícito en el paraíso inventado por Carmen y su amiga en *El cuarto de atrás* (Bergai), para huir, no ya a una isla imaginaria, sino a un *puerto real* en el que la amistad y la escritura proporcionan un refugio no escapista.

Obras citadas

Castillo, Debra A. «Never-Ending Story: Carmen Martín Gaite's *The Back Room*.» *PMLA* 102.5 (1987): 814-828.

Chown, Linda E. *Narrative Authority and Homeostasis in the Novels of Doris Lessing and Carmen Martín Gaite*. Nueva York y Londres: Garland Publishing, 1990.

Fernández, Celia. «Entrevista con Carmen Martín Gaite.» *Anales de la Literatura Es pañola Contemporánea* 4 (1979): 165-172.

Fontcuberta, Mar de. «La Ginocrítica: Una perspectiva literaria `otra'.» *Literatura y vida cotidiana: Actas de las Cuartas Jornadas de Investigación Interdisciplinaria*. Eds. María Angeles Durán y José Antonio Rey. Zaragoza: Servicio de Publica ciones de la Universidad Autónoma de Madrid y Secretariado de Publicaciones de la Universidad de Zaragoza, 1987: 53-65.

Gilbert, Sandra M. y Gubar, Susan. *The Madwoman in the Attic: The Woman Writer and the Nineteenth-Century Literary Imagination*. New Haven y Londres: Yale University Press, 1979.

Glenn, Kathleen M. «Martín Gaite, Todorov and the Fantastic.» *The Scope of the Fantastic: Theory, Techniques, Major Authors*. Eds. Robert A. Collins y Howard D. Pearce. Westport, CT: Greenwood Press, 1985: 165-172.

Jackson, Rosemary. *Fantasy: The Literature of Subversion*. Londres y Nueva York: Methuen, 1981.

Martín Gaite, Carmen. *Agua pasada*. Barcelona: Anagrama, 1993.

La búsqueda de interlocutor y otras búsquedas. Madrid: Nostromo, 1973.

El cuarto de atrás. Barcelona: Destino, 1981.

El cuento de nunca acabar: Apuntes sobre la narración, el amor y la mentira. Madrid: Trieste, 1983.

Nubosidad variable. Barcelona: Anagrama, 1992.

Retahílas. Barcelona: Destino, 1974.

Masiello, Francine. «Discurso de mujeres, lenguaje del poder: Reflexiones sobre la crítica feminista a mediados de la década del 80». *Hispamérica* 15.45 (1986): 53-60.

Matamoro, Blas. «Carmen Martín Gaite: El viaje al cuarto de atrás». *Cuadernos Hispanoamericanos* 351 (sep. 1979): 581-605.

Moi, Toril. *Sexual/Textual Politics: Feminist Literary Theory*. Londres y Nueva York: Routledge, 1988.

Puente Samaniego, Pilar de la. «*Nubosidad variable*, de Carmen Martín Gaite». *Anales de la Literatura Española Contemporánea* 18.2 (1993): 404-406.

Reisz, Susana. «Hipótesis sobre el tema 'escritura femenina e hispanidad'». Simposio «Female Discourses: Past, Present, and Future». Universidad de California, Los Angeles. 2-4 de mayo de 1991.

Showalter, Elaine. *A Literature of Their Own: British Women Novelists from Brontë to Lessing*. Princeton, NJ: Princeton University Press, 1977.

Todorov, Tzvetan. *The Fantastic: A Structural Approach to a Literary Genre*. Trad. Richard Howard. Ithaca, NY: Cornell University Press, 1989.

Zecchi, Barbara. «El cobijo de la infancia en la obra de Carmen Martín Gaite». *Mester* 20.2 (1991): 77-88.

AUTOREPRESENTACIONES DE LO FEMENINO EN TRES ESCRITORAS DE LA LITERATURA LATINOAMERICANA

Marta Morello-Frosch
University of California
Santa Cruz, California

Desde el siglo diecinueve, basándose en una epistemología realista, se ha considerado la representación como la facultad de reproducir o reflejar una realidad preexistente e inmutable, por lo cual se adscribía a esta función la virtud de proveer una visión adecuada y exacta de lo representado.[1] Pero sabemos ahora que tanto el sujeto observador como el objeto observado están constituidos culturalmente y se influyen mutuamente y que la imagen es, por lo tanto, un compuesto inestable. La representación es vista ahora -especialmente desde el postmodernismo- como una construcción cultural e histórica, en la cual el sujeto que la constituye no es ya considerado como el exclusivo creador de todas las significaciones asignadas. Vale decir que la producción de una imagen es una función social e histórica en la que colaboran sujeto creador, objeto creado y todos sus receptores. La imagen es entonces una construcción, y carece del estatus de verdad indiscutida y fija, en cuanto es una de muchas y plurales versiones de un fenómeno dado. Como tal, la representación es el *locus* donde se constituyen no ya una identidad definitiva, sino donde se establecen diferencias entre posibles identidades.[2] La historia de las formas de re-

---

[1] El concepto de representación según la filosofía realista está estrechamente asociado al de mimesis o copia fiel de una realidad externa e inmutable.

[2] Carolyn Simpson dice: «A representation can also be a narrative, a sequence of images and ideas... Or.. (it) can be the product of ideology, that vast scheme for showing forth the world and justifying its dealings». *Critical Inquiry*, 14.2. 1988, 223-243.

presentación, ya sean estas imágenes o textos, evidencia el papel central que cumple la ideología en la formulación de las representaciones que establecen así el patrón de las relaciones de poder entre el enunciante y su objeto. De esto se puede deducir la importancia que tiene para las escritoras el poder elaborar las representaciones de la mujer, creando*se* libremente, sin interferencia de enunciantes previos, en su mayoría hombres. Pues como han notado John Berger [3] y Luce Irigaray, a la mujer se la ha visto y descripto, convertida en objeto de perspectivas ajenas, en signo al que se le asigna significado. Vale decir, que la escritora se encuentra con una tradición de representaciones ya hecha, y al escribir, ella debe establecer relación con una larga historia de representaciones que la aluden pero que la excluyen como objeto activo. Al recrearse en su autorepresentación, lo hace con referencia a esta herencia simbólica aunque se rebele contra la misma. La actitud más frecuente entre las escritoras, es establecer un distanciamiento irónico que permita aludir y criticar la desconstrucción de lo que se ha dado como representación «natural» para dejar al descubierto su naturaleza de artificio, sus carencias y disfunciones. Convertida ahora en sujeto enunciador, la escritora propone alteridades parciales o provisionales que desmontan la pretendida universalidad y naturalidad de las representaciones masculinas, y propone nuevas formas de la subjetividad.

Uno de los ejemplos claros de crítica a la representación tradicional lo vemos en el poema de Alfonsina Storni «Tú me quieres blanca» de *El Dulce daño*. [4] En la primera estrofa, la poeta introduce la representación tradicional de la amada que *él* quiere:

> Tú me quieres alba,
> Me quieres de espumas,
> Me quieres de nácar,
> Que sea azucena

---

[3] John Berger. *Ways of Seeing*. BBC and Penguin Books, London, 1972. Luce Irigaray lo llama la mirada fálica (the phallic gaze).
[4] *El Dulce daño*. Sociedad Cooperativa Editorial Limitada. Buenos Aires, 1918.

> Sobre todas, casta.
> De perfume tenue
> Corola cerrada.
> Ni un rayo de luna
> Filtrado me haya.
> Ni una margarita
> Se diga mi hermana.
> Tú me quieres nívea,
> Tú me quieres blanca,
> Tú me quieres alba.

Se trata en estos versos de destacar la binariedad oposicional mujer/hombre desde la cual un sujeto masculino ha creado la representación de la otra, estrategia común a la mayor parte de la poesía lírica amorosa, género que el recitado de Storni invoca, sin dejar dudas de que ésta es una construcción ajena. Es más, las prácticas representacionales de dicho género amoroso se conforman en relación con órdenes culturales y sociales que trata de organizar como conocimiento. La imagen de la amada, por lo tanto, traduce el concepto amada en su visión universal aceptada, que define lo femenino como clausura, como página blanca para ser inscripta por el sujeto masculino.[5] Concibe éste a la feminidad como proyecto, como superficie tersa -como la página blanca- o indiferenciada: corola cerrada, ni filtrada por los rayos lunares -no olvidemos que la luna es uno de los atributos que la tradición asocia simbólica y biológicamente a lo femenino- y muy en especial sola, sin hermandad siquiera de flores. (Ni una margarita/se diga mi hermana), excluida y excluyente, carente de toda referencialidad, cerrada a todo significado propio excepto la albura convertida en metáfora de ausencia de color. La sintaxis, por otra parte, recrea un objeto fijo, no actualizado, de naturaleza totalmente predeterminada

---

[5] Utilizo aquí el concepto elaborado por Susan Gubar en «`The Blank Page' and the Issues of Female Creativity» en *Writing and Sexual Difference*. Ed. Elizabeth Abel. University of Chicago Press, 1982. 73-94.

por el sujeto masculino: «de espumas, de nácar, de azucena, de perfume tenue». La inactividad de este objeto ya hecho, pero sin marca (¿sin nombre propio?) ni soplo vital está refrendada por la particular construcción verbal pasiva: ... «Filtrada me haya... Ni una margarita se diga mi hermana». Ella es aquí amada pura, nunca amante, deseable precisamente por distante, y porque se resiste a la penetración/posesión de rayos de luna y amante. Pues él es sujeto activo que desea (tú me quieres) que crea una representación ideal en la cual ella no tiene participación alguna ni atributos determinantes: ni color, ni acción, ni mucho menos voz.

Si bien esta imagen evoca el concepto tradicional de la amada más que pura, intocada e intocable, lo que nos interesa en el poema es la contrapropuesta de la poeta, quien a esta visión desvitalizada y pasiva de la mujer, contrasta un programa de regeneración física y spiritual para el amante exhausto tras frecuentes bacanales:

> Huye hacia los bosques;
> Vete a la montaña;
> Límpiate la boca;
> Vive en las cabañas;
> Toca con las manos
> La tierra mojada;
> Alimenta el cuerpo
> Con raíz amarga;
> ....
> Y cuando las carnes
> Te sean tornadas,
> Y cuando hayas puesto
> En ellas el alma
> Que por las alcobas
> Se quedó enredada,
> Entonces, buen hombre,
> Preténdeme blanca,
> Preténdeme nívea,
> Preténdeme casta.

Lo que Storni propone para el amante es una pureza por contacto, no por exclusión ni clausura. Ella sugiere aquí un activismo purificante totalmente inédito, un amante feminizado en parte tras su paso y contacto con lo natural. No es esta una oposición binaria, como él la concebía, sino una nueva representación de los amantes basada en conceptos diferentes de pureza. Pero al re-enunciar al amante, la amada ha asumido su discurso, ha tomado la palabra y exhorta al amante que la quiere pasiva, a la acción regeneradora. El resultado de esta hábil maniobra es el abrir nuevos e inusitados espacios discursivos y formas de representación que equiparan sujeto y objeto al destacar a un tiempo su diferencia, y su mutua referencialidad. La amada se autodefine al proponer una nueva representación masculina que expande el concepto de pureza estéril propuesto para ella.

Storni sugiere así un nuevo tipo de intercambio entre iguales... dos seres completos sin ausencias ni carencias; relacionados al medio, arraigados. Propone así un estado relacional equitativo en el que se da por tierra con modelos obsoletos de representación y con una práctica discursiva opresiva. La poeta entra a dictar sus condiciones en un intercambio entre iguales que cancela la posibilidad de apropiación de imágenes presumidas sin dueña.

Una ojeada a la producción literaria femenina más reciente revela muchas y variadas formas de representación que transforman, revierten y revitalizan la imagen tradicional de la mujer, que ya no es exclusivamente amada sino que constituye su subjetividad en diversos actos relacionados con otros. Ya no hay exclusiones ni clausuras, sino posibilidades de acción y elección propias en las cuales se reconstituye el sujeto femenino proponiendo nuevas representaciones del «otro» y sugiriendo otras imágenes de sí misma creadas a sus medidas interiores, a su subjetividad hasta entonces inédita. Tal es el caso de la novela *Juanamanuela, mucha mujer* de Marta Mercader [6].

---

6   Marta Mercader. *Juanamanuela, mucha mujer*. Buenos Aires, Ed. Sudamericana. , 1983. Todas las citas son de esta edición.

El texto comprende varios tipos de discursos que narran la vida de la protagonista, una escritora sesentona que pasa a ser objeto de los vaivenes de la historia argentina, a elaborar su propio discurso crítico de la misma. A través de sus memorias, produce una autobiografía que desconstruye [7] muchos de los mitos de la historia y de una forma narrativa: el romance histórico. La narración da cuenta de las luchas internas por la reorganización nacional desde el período de la anarquía a la revolución de Tejedor en Buenos Aires, a fines de la presidencia de Avellaneda, incluyendo, en la memoria de Juanamanuela, recortes de la historia anterior a estos hechos: las campañas libertadoras al Alto Perú, las guerras de la independencia, la organización política de Bolivia, etc. Juanamanuela reconstruye a un tiempo su subjetividad y el pasado de la patria misma. El texto da cuenta entonces de la gran historia en un esfuerzo de memorias engarzadas en la experiencia del pasado de una familia ilustre, combativa y política como la de los Gorriti, pero es la historia personal de Juanamanuela, o mejor dicho su memoria de la misma, la que provee el espacio de crítica a los procederes e improcederes de los pasados sesenta años. Juanamanuela reconstituye así su subjetividad acorde o de resultas de transformaciones fundamentales en la estructura política y social de su época, pues le toca vivir en momentos en que ciertas clases -la aristocracia terrateniente, en este caso- comienza a perder su poder, y lo mismo ocurre con las figuraciones sociales que a su alrededor se estructuraban.[8] Se debilita la gran estancia aislada, el núcleo autosuficiente que es ahora a menudo asolado por «alzados» o por ejércitos en campaña. Los habitantes de las estancias son a menudo desplazados, y como los Gorriti, deben reinsertarse en centros urbanos, desplazarse a lugares más protegidos y seguros. Con estos cambios, surge una nueva clase recientemente agraria que se urbaniza y se crea una pequeña burguesía dentro de la cual las mujeres pasan a desempeñar papeles nuevos y de

---

7   Utilizo el término con el sentido de exponer los mecanismos de la articulación del texto, las reglas que gobiernan la fabricación del artefacto cultural.
8   Juan E. Corradi. *The Fitful Republic: Economy, Society and Politics in Argentina*. Colorado, Westview Press. Boulder, 1985. 13-28.

creciente importancia. Se abren nuevas posibilidades de interacción social y los espacios donde éstas se mediatizan son mucho más públicos. Hasta las iglesias pueden ahora servir para entrevistas entre ambos sexos que hubieran estado vedadas en el reducido ámbito de la capilla familiar. Por otra parte, algunas funciones que eran responsabilidad exclusiva de las mujeres, tales como cuidar de la salud, las desempeñan ahora facultativos. Además, las mujeres tienen que ingeniárselas para entrar en la economía monetaria para poder alimentar a la familia. Hasta la política se transforma ahora con variados matices que corresponden a una pluralidad de opiniones que estaban excluidas del discurso paternal dominante en la estancia. Las mujeres, y Juanamanuela en particular, tienen y expresan ideas tamizadas por la experiencia del exilio y el desarraigo. El modelo agrario patriarcal es desplazado por nuevas organizaciones y códigos de conducta, nuevos modelos para lo aceptable y corriente, pues como recuerda la protagonista:

> Desde que aprendí el castellano me machacaron: «La joven salteña debe estar siempre en la casa.» Ahora que no teníamos casa, ¿qué?
> (38)

Debido a traslaciones y desplazamientos de poder, no siempre beneficiosos, se hace factible una reubicación del sujeto femenino. Al disminuir su contribución a la industria casera, y por no estar bien preparada para ganarse la vida en una economía monetaria, sufre estrecheces económicas. Hasta Juanamanuela escribe por vocación y por necesidad, y su actividad artística está relacionada con los medios de producción. Sus quehaceres y penurias económicas dominan el texto, no el romance con el apuesto capitán Belzú, sino el fracaso de dicho matrimonio y sus relaciones ulteriores. Juanamanuela no aparece como el ideal de la amada, sino como una amante desilusionada, como una madre que entrega a sus hijos al cuidado de un padre distante para poder escribir. Representa así la voz de «la otra» y como tal, vemos su desfasaje con sus coetáneos, con los miembros de su familia y de su clase. Pero por otra parte, la vemos muy acorde con las ideas de algunos de los representantes de la juventud argentina disidente: con los hijos y sobrinos de sus contemporáneos -grupo masculino, se entiende- la élite cultural joven del momento: la década de los 80.

Su memoriado romance con el capitán boliviano Belzú acaba en matrimonio no feliz, y en separación definitiva porque él requiere sometimiento y ella, si bien asciende en reconocimientos a su pluma, quiere independencia. Pero la novela parte de una representación poco común, la de una mujer sesentona averiada por el reumatismo, de regreso a su país en condiciones nada halagüeñas. En esta representación de Juanamanuela, no es el pasado el que informa el presente. Por el contrario, la nueva (ya vieja) Juanamanuela rememora el pasado desde un presente asumido críticamente, en el cual las contiendas y divergencias no se resuelven, sino que se replantean y se sugieren nuevos enfoques a las mismas. Es por esto que Juanamanuela, en el texto de Mercader, representa una novísima forma de representación de la mujer.

En otra novela de tema histórico, *Río de las congojas*,[9] de Libertad Demitrópulos, se nos presenta otra nueva imagen de la mujer. El texto da cuenta del fallido levantamiento de los mestizos en la colonia de Santa Fe, junto al río Paraná, de los viajes de Juan de Garay y de las rencillas entre las poblaciones de colonos. Este enunciado es el pre-texto, pero el cuerpo de la novela lo constituye la narración de dos personajes subalternos: Blas de Acuña... «hombre de armas, mestizo y cuantimás pescador» y María Muratore, una criolla que se define así: «De mi padrino aprendí que pertenezco a una nueva casta, sin señorío ni hidalguía, pero con criollez, cosa que según él es muy valiosa, aunque todavía no se ha visto dónde reside el valer». Ella es una de las tantas mujeres que llegaban a las poblaciones, no como botín, sino como posible esposa, futura colona y propietaria de chacra. Queda muy clara aquí la importancia de la propiedad para asegurar no

---

9   Libertad Demitrópulos. *Río de las congojas*. Buenos Aires, Ed. Sudamericana. 1981. Todas las citas son de esta edición.

solamente la manutención sino también la libertad de las mujeres en las nuevas poblaciones. Pueden ellas amancebarse, pues «Tiene la mujer derechos sobre su cuerpo y dispone de albedrío» (129). Pero necesita saber mantenerse y manejar armas para defenderse, pues la ausencia de un amante -incluso si es poderoso, como Juan de Garay- la expondrá a la hostilidad sistemática de los vecinos quienes le negarán comida y protección. El discurso fictivo replantea así la interdependencia entre la clase dominante y la contestataria, crucial en episodios de peligro y penuria comunes a ambos grupos, y explicita una serie de problemas sociales por encima del discurso emocional -del romance, en suma- de Blas de Acuña y su no correspondido amor por María y la pasión inútil de ésta por Juan de Garay (129).

Se trata de cuestionar los valores éticos de la colonización por parte de dos subalternos que no son víctimas comunes de tortura, pero que viven bajo el autoritarismo de los jefes (a Garay se le llama el Hombre del Brazo Fuerte), y en especial, se representa la explotación de las mujeres a quienes se las requiere para cimentar las nuevas poblaciones, no sólo como cónyuges, sino como dueñas y trabajadoras de la tierra, y como defensoras de fortines. Se destaca por eso el sistema de padrinazgo como forma elemental de protección y de explotación de los débiles, especialmente las mujeres, dada su ineludible base sexual, pues el padrino es un hombre con independencia económica que protege a una mujer que a menudo acaba en su cama. Si bien la familia legalmente constituida retiene su valor social y legal indiscutido, existen en la sociedad del Nuevo Mundo otras alternativas como el mencionado padrinazgo, que cumplen con limitada eficacia la protección de las colonas.

La historia de María, mujer deseada y sexuada, es la trayectoria que va de un depender de los hombres que la aman: su padrino, Blas y Juan de Garay, a una liberación final que se produce al asumir ella la ropa e identidad de hombre al devenir

> Fernán Gómez, mujer, hembra, como quien dice tierra (149)... Alguien que quiso ser libre, siendo mujer, que para eso guerreó con el amor y el desencanto como peleó por el indio. Era pesado ser mujer en un mundo de varo-

nes. Mucho le había costado sobrellevar esta carga. Por eso tuvo que apelar a esa intriga: única forma de sobrevivir en libertad. (150)

La ironía de esta cita no se nos escapa, en cuanto la liberación sexual de María no le había facilitado su liberación social, pues como objeto de deseo, si bien podría ejercer su libre albedrío y elegir un amante, permanecía sojuzgada al poder del mismo. Sólo una aparente transformación sexual va a asegurarle la libertad necesaria. [10]

La novela es, en este sentido, un anti-romance pues ni la pasión del mestizo por María ni la de ésta por Juan de Garay se cristalizan, pero la leyenda de María la amante, la mujer de armas, la aventurera, crece nutrida por la imaginación de Isabel, la eventual mujer del mestizo y la última narradora del texto. Y es esta leyenda creada por otra mujer, irónicamente la pretendiente al amor de Blas, la que sostiene la memoria de María y las relaciones de su nueva familia. La novela así soslaya una revisión de la empresa colonial como épica o como romance, y el discurso deviene progresivamente antiautorizante, en cuanto la leyenda, la versión final de la historia de María, es la construcción de un personaje desdibujado, de una mujer repetidamente rechazada por Blas, sin ninguna jerarquía social ni emocional, que se une al mestizo como parte de un concierto económico -chacra y marido- que su padrino urdiera astutamente para asegurarle independencia y estatus legal de esposa. Pero Isabel necesita algo más: un mito, una representación femenina (María) que le permita dar identidad y cohesión a la familia que procrea, porque ella y sus descendientes

> ...fueron entrando en el mito, porque si otros tenían blasones, ellos tenían su historia con una mujer que parecía hombre por lo valiente pero que fue una gran amante. La

---

[10] El cambio por vestiduras constituye un signo ambiguo: aparentar lo que no se es, en vestido y decoro social, pero también es un arma antiautoritaria, en cuanto desestabiliza las normas sociales de identificación sexual.

finadita era blanca, hermosa, casi había sido la madre de
ellos. Por poco no había sido. Montaba a caballo, tiraba el
arcabuz, era como un hombre siendo mujer. La fueron
sintiendo como la protectora de la familia, como la madrina del cielo. (159)

La novela relativiza así los discursos de la autoridad incluso los de la historia conocida -la sublevación de los mestizos, los asentamientos sobre el río y las luchas con los indígenas- al dar cuenta de ellos como si fueran marcas de un pasado problemático. Por otra parte, concluye privilegiando la invención final de un personaje no sólo secundario, sino totalmente interesado (Isabel). Es esta representación de María la que constituye el mito fundacional, en cuanto confiere identidad y pertenencia a un grupo dado, transformando un padrinazgo opresivo en un madrinazgo operante: la madrina del cielo.

La novela de Demitrópulos ejemplifica en esta imagen a la vez femenina y travesti (11) -en cuanto María se disfraza- el uso del sexo como máscara, como disfraz para soslayar la represión social. Si bien la mujer disfrazada de hombre tiene una historia representacional larga en la literatura, en el caso que he analizado su aparición es además una maniobra para convertir a la amante/amada por excelencia en algo cuya plusvalía con respecto a esas funciones se considera establecida: el varón. Pero recordemos que en el mito finalmente se fusionan todas las representaciones de María, que comparten el mismo sello de autenticidad, con disfraces o sin ellos. Esto completa el periplo de crítica desautorizante que mencionáramos, y propone un modelo compuesto de múltiples imágenes igualmente funcionales, porque en sus contradicciones y en su naturaleza inestable ejemplifican los procesos de la memoria y del olvido de la historia misma.

En los textos analizados se destacan las referencias a modelos representativos femeninos tradicionales, y a su problematización directa: son unas de las muchas y diversas posibles versiones de la mujer. También hay nuevas propuestas y combinatorias que cancelan la presunta universalidad de los modelos heredados o de una imagen única y dominante. Esto rechaza la posibilidad de representaciones universales y ahistóricas, al tiempo que se insiste en la importancia de la situación relacional entre los sujetos del enunciado y lo narrado -siempre presente en la escritura de la mujer- para *textualizar* al nivel simbólico/expresivo la experiencia femenina sin mediaciones del otro sexo. Pues se trata de descolonizar las representaciones y de presentar un abanico de posibilidades de imágenes posibles, en las que se entrecruzan y participan no sólo el sexo sino una serie de tensiones heterogéneas que configuran a la mujer como un complejo sujeto social e histórico. [11]

---

11 Sobre la parodia travesti ver Nelly Richard, *Masculino/Femenino*. Santiago de Chile, Francisco Zegers Editor. (copia sin fecha).

LA MUJER EN EL TEATRO
DE PALOMA PEDRERO

Ana M. Fagundo
University of California,
Riverside

El triunfo de la democracia del pueblo español bajo la monarquía constitucional de Juan Carlos I de Borbón ha repercutido de forma notoria en la literatura que se empezó a hacer a mediados de la década del setenta y, en particular, en la década de los ochenta y noventa. Tanto es así que la llamada literatura de posguerra podría decirse que se puede dar por terminada cuando se empieza a afirmar el nuevo sistema político.

La literatura de la democracia refleja, en el atrevimiento de su temática, el estado de la sociedad que la gesta pero, al mismo tiempo, y una vez pasada la euforia inicial de los españoles, va a denotar un cierto vacío espiritual, una carencia de valores que dé ilusión al devenir del hombre en el mundo contemporáneo. No obstante, la literatura de esta época tiene un aspecto altamente esperanzador y liberador: la presencia de la mujer creadora en todos los géneros literarios. No es que no hayan habido novelistas y poetas mujeres en lo que va del siglo en España, sino que no habían existido tantas y tan a la par de sus colegas masculinos. La mujer creadora española está logrando, en las última décadas, una presencia normalizada, aceptada y valiosa en el panorama literario y cultural del país.

En el teatro es donde más destaca la presencia femenina. Las autoras teatrales han escaseado en España y aunque haya ejemplos de algunas desde el siglo XIX, como podría ser la cubana-española Gertrudis Gómez de Avellaneda, no es hasta bien entrado el siglo XX, en la década del setenta, que podemos hablar de la presencia importante en nuestros escenarios de dramaturgas que han gozado de éxito comercial y de crítica: Ana Diosdado, María Manuela Reina y Aurelia Campmany. Pero es en los ochenta cuando surge un grupo de dramaturgas, relativamente importante en número y calidad, que quiere hacer un teatro significativo y estrenarlo (O'Connor 9-25). Varias son las autoras del teatro español contemporáneo: Paloma Pedrero, Concha Romero, Maribel Lázaro, Yolanda García Serrano, Carmen Resino, Lourdes Ortiz, Pilar Pombo, Lidia Falcón, Marisa Ares. Variada es también la obra de cada una de ellas y la presencia en los escenarios españoles. Hay autoras de un feminismo militante como Lidia Falcón y otras antifeministas como Marisa Ares o, aun, las que escriben sus obras concibiendo a los personajes desde la óptica masculina (Ragué 13).

De todas estas dramaturgas es Paloma Pedrero [1] la que ha logrado hacer un teatro más audaz e interesante, que invita al espectador a ir a verlo porque estimula, entretiene, divierte y hace pensar. Un teatro que, a su manera, aborda la crisis espiritual del mundo de hoy proponiendo que el ser humano indague en sí mismo y en el otro con el que se relaciona para resolver sus problemas. Un teatro que es también una búsqueda de la verdad personal y de la propia libertad (Serrano 12). Un teatro [2] que ofrece para el vacío espiritual de hoy la

---

[1] Paloma Pedrero Díaz-Caneja nació en Madrid en 1957. Estudió arte dramático con Zulema Katz y Dominic de Fazio. Más tarde continuó su formación como actriz en la Escuela de Música y Teatro Tantara con Martín Adjemian y Alberto Wainer. Desde 1978 se vinculó al teatro independiente como coautora de textos y actriz. Ha hecho diversos cortometrajes y televisión. Algunos de sus trabajos en teatro y cine: *En el corazón del teatro*, dirigida por Guillermo Heras, *La llamada de Lauren*, dirigida por Alberto Wainer, *El Pico 2*, de Eloy de la Iglesia, *Café, coca y puro* de Antonio del Real. Estuvo casada diez años con el dramaturgo Fermín Cabal.

[2] La obra dramática de Paloma Pedrero ha sido estrenada en los siguientes teatros: *La llamada de Lauren* (Premio de Teatro Breve de Valladolid 1984), Centro Cultural de la Villa de Madrid 1985, dirigida por Alberto Wainer; *Resguardo personal*, Taller de Autores del Centro Nacional de Nuevas Tendencias Escénicas (Madrid) 1986, dirección de la autora; *El color de agosto*, Centro Cultural Galileo (Madrid) 1988, dirigida por Pepe Ortega; *Las fresas mágicas* (teatro infantil) Teatro Infanta Isabel (Madrid) 1988-89, dirigida por Pepe Ortega; *Invierno de luna alegre*, Teatro Maravillas (Madrid) 1989, dirección de la autora; *Noches de amor efímero*, Casa de Cultura Collado-Villalba (Madrid) 1990 dirigida por Jesús Cracio; *Besos de lobo* (estreno en versión inglesa de Jennifer Cona) en Hobart and William Smith Colleges (EE.UU:) 1991.

realización personal en el amor.

Según cuenta la propia Paloma Pedrero, empezó a escribir teatro a instancias de Fermín Cabal quien le enseñó «estructura y carpintería teatral» (Galán 11) pero quien no influyó en su manera de concebir el teatro. Ha tenido bien claro desde el principio lo que quería hacer como dramaturga y, desde luego, lo ha venido haciendo en las obras que hasta ahora ha escrito. Opina que se debe hacer un teatro sin grandes y costosos montajes y que hable de la problemática de los jóvenes de hoy. Prestando atención al texto y a los actores e intentando plantear temas que importen al espectador contemporáneo, cree poder solucionar la crisis del teatro español de que tanto se ha venido hablando.

La dramaturga madrileña afirma no tener ninguna ideología determinada; lo que le interesa es: «contar cosas mías y de los demás» y aunque no se declare militante feminista sí dice:

> mi espíritu, que es feminista en el sentido en que yo entiendo el feminismo, como necesidad de cambio social ante los derechos de la mujer- sí impregna mis obras. Yo reivindico a las mujeres a partir de sus actos, de lo que hacen, no de lo que dicen. Las mujeres de mis obras son seres libres, que quieren crecer, que se buscan y que a veces no se encuentran. (Galán 12)

Técnicamente el teatro de Paloma Pedrero es notorio por la utilización de un lenguaje coloquial (Zatlin 7) que imita a la perfección el habla de las gentes, particularmente los jóvenes, así como por su talento para construir escenas de apropiado ritmo teatral y efectos plásticos singulares. Tiene predilección por el metateatro, ese juego dentro del juego, que lleva al espectador por los caleidoscópicos caminos de la imaginación. Domina la penetración psicológica del personaje además de saber contar la historia de manera clara y concisa. Tiene el talento de la síntesis y de ahí que sepa magistralmente escribir obras breves de fuerte impacto y concisión (Lamartina-Lens 14). Este talento para sintetizar y esa comprensión y recóndita ternura con que puede pintar a sus personajes, refleja a la poeta que existe en el fondo de la dramaturga que es Paloma Pedrero. Poética es, sin duda, la persona que en un mundo tan árido de espiritualidad como el contemporáneo puede afirmar con convicción y sin pudor: «yo soy una persona que cree en la humanidad y creo profundamente en el amor» (Galán 12).

Preguntada por una crítica si concede protagonismo a la mujer, Paloma Pedrero responde:

> En mis obras voy a expresar mis inquietudes, mis miedos, mis deseos, mi visión de ciertos problemas actuales en la sociedad. Todo esto lo hago a través de personajes diferentes; pero hay un espíritu, una mano por debajo de todo eso. Hay una esencia, una energía que es una energía de mujer. Y esa energía está en mis obras porque si no estuviera, esas obras no tendrían alma. (Johnson 18)

Hay dos palabras claves en esta respuesta: «energía» y «alma». Su teatro rezuma esas dos cualidades que crean una atracción poética que fluye en el texto haciendo al espectador partícipe de la fuerza de lo auténticamente sentido y profundizado. Paloma Pedrero escribe como una mujer que siente que el mundo no ha sido hasta ahora expresado en teatro desde un prisma femenino. Sus protagonistas mujeres la reflejan a ella pero también los deseos, problemas, ilusiones y fracasos de una buena parte de las mujeres españolas de hoy.

Las mujeres del teatro de Pedrero suelen ser, por lo general, jóvenes, desde veinte a treinta y pocos años. Hay drogadictas, mujeres casadas de clase media, campesinas que han vivido en la ciudad, mujeres sin inhibiciones, artistas en busca de sí mismas, mujeres solas buscando el amor que no acaba de materializarse o que se materializa en cuerpo pero sin alma, mujeres divorciadas; mujeres, en suma, a las que les une un mismo deseo: ser ellas mismas. Quieren amar y ser amadas pero sin que se les trate de imponer un código masculino. Tamaña aspiración en un mundo regido tradicionalmente por el hombre resulta difícil aunque no imposible tarea y, por ello, sus personajes femeninos parecen, a veces, condenados al fracaso.

En *La llamada de Lauren*, la primera obra de Pedrero, se plantea el tema de la sexualidad, el matrimonio y la relación de pareja (Podol 22). Trata de un joven matrimonio que lleva tres años de casados pero cuya relación no funciona debido al travestismo o posible homosexualidad no declarada del marido. En la noche de Carnaval Pedro se disfraza de Lauren Bacall y ayuda a Rosa, su mujer a que se vista de Humphrey Bogart. Le venda los pechos para que parezca un hombre y hasta ha comprado un pene artificial. En plena excitación Pedro revela sus ocultos deseos:

> PEDRO -Ven, vamos a la cama (Pedro la levanta y prácticamente se la lleva a rastras hasta la cama. Allí la coloca encima de él y la aprieta entre sus piernas). (Dándole el pene). Métemelo.
>
> ROSA -¿Qué dices?
>
> PEDRO -(Gritando) ¡Métemelo!
>
> ROSA -¡Pedro...!
>
> PEDRO -(Totalmente descontrolado). No me llames Pedro. Penétrame, por favor... Penétrame. (50-51)

El problema de Pedro es, sin duda, una crisis de identidad: no haberse atrevido a ser él mismo, por temor a ir contra de las normas que la sociedad le ha impuesto. Sobre la crisis de identidad en el mundo de hoy la dramaturga dice que:

> Se ha perdido totalmente la conexión interior de las personas, y la gente vive hacia afuera. Busca afuera, critica lo de afuera, intenta lo de fuera, y no se atreve a ver qué pasa dentro de sí. Para mí esa falta de mirada interior hace que exista una crisis de identidad. (Harris 32)

El final de la obra queda abierto. Pedro se marcha solo al Carnaval pero no sin antes de que Rosa le retoque, con detenimiento, la pintura de los labios. Esta ha comprendido que Pedro la quiere pero no la desea. En la última escena de la obra, Rosa, sola, poniéndose el sombrero de Bogart y conteniendo difícilmente el llanto, es una indicación de que ha comprendido el dilema de su marido y, claro, su propia problemática. La revelación a que llegan ambos personajes es dolorosa pero ya no viven engañados sino que hacen frente a la situación.

Resguardo personal plantea otro problema de pareja. Gonzalo, un médico, y Marta están separados. Este viene a visitarla con el propósito de intentar una reconciliación. Marta, como venganza contra su marido, había dejado en la perrera a Nunca, la perrita de ambos, y si no la recoge antes de las ocho será sacrificada. Al enterarse Gonzalo, le quita el resguardo a Marta e impide que salga con tiempo para salvar al animal.

> GONZALO - Han cerrado. (satisfecho) Tu perrita ya... (Hace un gesto de inyectar y rompe el papel en pedazos. Marta se derrumba). Adiós. (Sale).

La escena ha sido de tal intensidad que la propia Marta se ha creído la historia que ella había inventado y que nos había hecho creer a nosotros los espectadores:

> (Marta mira hacia la puerta. Espera unos segundos y de pronto comienza a reirse a carcajadas. Corre hacia una caja de embalaje, la abre y sale Nunca desperezándose). (104-105)

Sin duda Marta le ofrece a su marido una oportunidad para que demuestre su generosidad y amor pero éste se muestra vengativo y no parece sentir nada por ella. El ha estado más interesado por su propio avance en la profesión médica que en la relación entre ellos. Marta no implora el amor de Gonzalo sino que lo somete a una prueba, lo desafía dispuesta a llegar al fondo del sentimiento aunque esto signifique comprobar la crueldad del marido y su desamor.

Los personajes femeninos en *El color de agosto* buscan igualmente liberarse de las ataduras que les impiden crecer y volver a amar. María y Laura, que han sido amigas y han vivido juntas, se encuentran después de transcurridos unos años de separación. María es ahora una pintora de gran éxito comercial mientras que Laura, aunque con mayor talento, es una fracasada que trabaja de modelo para malganarse la vida. María contrata a Laura a través de una agencia para que pose para ella. Cuando llega Laura al estudio, sin saber que se trata del de María, ésta lo ha preparado todo para impresionarla y con el secreto anhelo de recuperarla y ayudarla económicamente. María, además, se ha casado con el gran amor de Laura, Juan, pero esta última no lo sabe. El juego de poder y dependencia que va de una a la otra a lo largo de la obra supone un progresivo desnudamiento del alma de cada una hasta poner en dolorosa, pero decidida evidencia, los sentimientos más recónditos que ambas han sentido la una por la otra, y por Juan. Al final hay una liberación de Laura que renuncia a Juan (éste la quería ver) y rechaza las ofertas de María. Por añadidura, María, a su vez, se da cuenta de la imposibilidad de poseer de ninguna forma a Laura.

Esta obra, una de las más interesantes de Paloma Pedrero, aúna metateatro, pintura, escultura y poesía. En un alarde de talento teatral la dramaturga madrileña nos hace partícipes de un mundo de la mujer y por la mujer. Sólo una mujer, y una mujer dramaturga, podría haber llegado a plasmar en el escenario la esencia de lo femenino como lo ha hecho Pedrero en esta obra. Los sutiles cambios de humor, la suspicacia, el intimismo, la intuición, lo lúdico, lo poético y lo artístico de estas dos mujeres que nos muestran sus respectivas almas, porque muestran sus más recónditos pensamientos, están espléndidamente desarrollados. Al final ambas mujeres se han liberado:

LAURA -Quizás le has dejado impotente...

MARIA -(Abre la puerta). Compruébalo por ti misma. Adelante, es tu turno. Tal vez después del polvo te vuelva la inspiración.

LAURA -Nunca, cariño. Nunca tomaré nada que sea parte tuya. (Pausa). Gracias por prestarme tus ojitos para ver lo que no veían los míos. (53)

En *Invierno de luna alegre* hay un único personaje femenino y cinco masculinos y otra vez se utiliza el metatexto. Olegario, un fracasado torero cincuentón, vive de un espectáculo callejero que monta todos los días en un parque. Una tarde pasa por allí una veinteañera que toma droga y practica el amor libre. Se hacen amigos y Reyes termina incorporándose al espectáculo de Olegario y a la pensión donde viven tres compañeros, de uno de los cuales, el joven ex-gimnasta Víctor, Reyes se enamora y con quien se marcha para trabajar en un club nocturno.

La joven representa a cierta juventud marginal de la sociedad contemporánea para quien la vida es un existir sin planes ni compromisos. Cuando Reyes se da cuenta de que Olegario se ha enamorado de ella, lo siente, pero no vacila en abandonarlo y marcharse con Víctor al que sí ama.

Contrario a lo que opina Torres-Pou (91) en esta obra también hay una reivindicación feminista. Es verdad que Reyes se ha unido a Víctor que es un aprovechado pero ella ha dado muestras de, si se quiere, igual egoísmo con Olegario imponiéndole primero que Víctor entrara a formar parte del espectáculo callejero y luego abandonándolo cuando se le ha presentado algo mejor. Creo que Reyes, como todos los otros personajes femeninos de Paloma Pedrero, se reivindica a sí misma, es decir, va tras lo que ella quiere realmente. La obra presenta dos mundos contrapuestos, el de los maduros representados por Olegario, Piña y Félix, y el de la juventud, representado por Reyes y Víctor y se pudiera deducir que el mundo de los maduros no puede sobrevivir en el de la juventud agresiva y egoísta.

Las tres piezas breves que constituyen *Noches de amor efímero* tratan del amor y tienen como cómplice a la noche. *Esta noche en el parque* presenta el segundo encuentro entre Yolanda (quien lleva oculta una navaja) y Fernando con quien había tenido una relación erótica previa. Fernando llega a la cita a regañadientes porque lo que para él había sido un encuentro sexual sin mayor importancia para Yolanda ha sido todo lo contrario:

FERNANDO -Sólo te conocía de un día. ¿Por qué me ibas a interesar?

YOLANDA - Entonces, ¿por qué me mentiste? Por qué coño me dijiste que era una mujer especial? ¿Por qué me trataste como si lo fuera? ¿Por qué me susurrabas Yolanda, Yolanda, Yolanda?... ¡Párate y contéstame!

FERNANDO -Hice lo que sentía en esos momentos.

YOLANDA - ¡Mentira! Me engañaste como a una imbécil y yo me llevé tu semen dentro contenta. Me llevé tu olor para esperarte. Y tú como un cobarde desapareciste. (43)

La muerte de Yolanda a manos de Fernando y con la misma navaja que llevaba para protegerse, se puede predecir porque en cierta manera ya está muerta al haberse enamorado de quien sólo la ha visto como el disfrute de un momento. Ese amor es lo mejor que nunca había encontrado Yolanda y al comprobar su falsedad se encuentra sin salvación. Otra vez el personaje femenino busca el amor como justificación y razón de la existencia aunque al final fracasa.

En *La noche dividida* Sabina espera la llegada de su amante que promete visitarla todos los martes pero que no lo cumple. Quien llega es un vendedor de biblias que quiere, a toda costa, salvar su puesto de trabajo vendiéndole alguna. La incomunicación es total entre los dos, cada uno habla de lo suyo sin escuchar al otro:

ADOLFO -Si me compraras una biblia. A plazos por supuesto.

SABINA -Ahora todo es a plazos. El amor también es a plazos.

ADOLFO -No he conseguido vender ninguna en todo el día.

SABINA -El amor a plazos. Jean Luc me promete todos los martes que vendrá la semana siguiente y nunca llega. Pero hoy le voy a decir que se acabó. (Se ríe triste). Y encima me pide fidelidad, fidelidad... (seria). Y yo le soy fiel porque le amo. (57)

Cuando los personajes empiezan a escucharse mutuamente Sabina termina, bajo el efecto del alcohol, por hacer el amor con Adolfo. Cuando llega Jean Luc ambos duermen abrazados en la hamaca. Sabina, pues, que por amor ha aguantado las exigencias de su amante, logra romper ahora su atadura y liberarse.

Solos esta noche es también otra obrita de liberación femenina. Carmen, una funcionaria del estado, casada, se queda encerrada en una estación de metro con José, un joven albañil en paro. El miedo y la prevención de ella ante este desconocido se va transformando a través de la comunicación que se establece entre ambos:

JOSE -... Yo sé que el futuro no está en el puto dinero. Aunque todo el mundo diga lo contrario, yo sé que el futuro no está en el dinero.

CARMEN -¿Tú sabes dónde está?

JOSE -Mira, Carmen, aunque suene raro... Yo pienso que el futuro... está en el amor, en que la gente se quiera. (82)

Carmen, en medio de la noche cómplice, se da al amor liberador aunque, como la misma Paloma Pedrero sugiere, esta clase de amor es efímero.

Besos de lobo, la última obra publicada hasta ahora por Paloma

Pedrero y estrenada en los Estados Unidos (Monegal 6), transcurre en un ambiente rural. Ana, hija de un campesino, vuelve al pueblo después de haber estado en un colegio de monjas en la ciudad. Aún la recuerdan Camilo, que sigue enamorado de ella, y Luciano, un homosexual. Camilo intenta conquistarla pero Ana se niega a salir con él porque está esperando a que venga su novio a buscarla. Entretiene su ocio fantaseando con Luciano. El padre de Ana quisiera verla casada con Camilo pero ella se niega. Cuando muere su padre, Ana va a la estación para abandonar el pueblo y le dice a Camilo que es a él a quien quiere y que se vaya con ella pero éste le responde: «Tenemos que hablar, que planear las cosas con tiempo» (52). En el tren expreso en que Ana abandona el pueblo llega su tan esperado amor, Raúl. La obra finaliza con estas palabras de Raúl después de haber leído una carta que Ana había dejado en un banco de la estación junto a la escultura de Isis que Camilo había tallado para ella años antes:

RAUL -Dice que lo siente, que siente no haber podido avisarme... y que adiós. (Con risa amarga) ¿Y sabe lo que dice, además? Que quiere a otro. Que ayer mismo se dio cuenta de que quiere a otro. A otro. (Con tristeza). ¿Qué? ¿No le hace gracia?

CAMILO -(Negando con la cabeza). A veces se llega tarde... tarde. (54)

En esta obra, una de las más poéticas de Pedrero, Ana es una mujer imaginativa, que vive alimentada por la esperanza del retorno del amante y dolida por el desapego que su padre había mostrado hacia ella a la muerte de su madre. Al morirse el padre Ana se libera de su complejo edípico y a la vez se libera de Raúl y de Camilo y se marcha sola pero no fracasada. Ninguno de los tres hombres la ha comprendido pero ella al fin ha sabido prescindir de ellos, se ha liberado.

No cabe duda que Paloma Pedrero ha enriquecido el teatro español contemporáneo aportando su visión de la mujer. Los personajes femeninos son seres que afirman su propia identidad de mujeres que buscan su verdad, su libertad; que propugnan el amor y que quieren ser ellas mismas. Ha escrito una obra dramática en que se nota la evolución de la mujer española a partir de la democracia. Su teatro presenta una visión del ser humano (hombre o mujer) desde una óptica femenina. Como apunta certeramente la propia dramaturga:

> hay virtudes en la mujer, como el poder de observación y la intuición que le dan una especial capacidad para escribir teatro. Además, la mujer es bicultural: participa de la cultura masculina, dominante, y conserva la femenina, la íntima... Me parece importante que se toquen temas considerados «masculinos» desde la óptica femenina. (Oliva 41)

El teatro de Paloma Pedrero merece la pena no sólo por su temática de evidente actualidad sino también por su talento dramático. Un teatro importante y bien hecho.

Obras citadas

Galán, Eduardo. Entrevista: «Paloma Pedrero, una joven dramaturga que necesita expresar sus vivencias». *Estreno* 16.1 (Primavera 1990). 11-13.

Harris, Carolyn J. «Concha Romero y Paloma Pedrero hablan de sus obras». *Estreno* 19.1 (Primavera 1993). 29-35.

Johnson, Anita. «Dramaturgas españolas: presencia y condición en la escena española contemporánea». *Estreno* 19.1 (Primavera 1993). 17-20.

Lamartina-Lens, Iride. «Paloma Pedrero's *Esta noche en el parque*». *Estreno* 16.1 (Primavera 1990). 14.

Monegal, Antonio. «El lobo besa en inglés. (Estreno mundial de una obra de Paloma Pedrero)». *Estreno* 18.2 (Otoño 1992). 6-7.

O'Connor, Patricia W. ed. *Dramaturgas españolas de hoy*. Madrid. Fundamentos/Espiral, 1988.

Oliva, María Victoria. «Paloma Pedrero: el espaldarazo del Tirso». *El Público* (Enero 1988). 41.

Podol, Peter. «Sexuality and Marital Relationships in Paloma Pedrero's *La llamada de Lauren* and María Manuela Reina's *La cinta dorada*». Estreno 17.1 (Primavera 1991). 22-25.

Pedrero, Paloma. *La llamada de Lauren*. Madrid. Biblioteca Antonio Machado, 1987.

El color de agosto. Madrid. Biblioteca Antonio Machado, 1989.

Resguardo personal. Publicada en *Dramaturgas españolas de hoy*. Madrid. Fundamentos/Espiral, 1988.

Invierno de luna alegre. Madrid. Biblioteca Antonio Machado, 1990.

Noches de amor efímero. Murcia: Universidad, Secretariado de Publicaciones, 1991.

Besos de lobo. Madrid. Fundamentos/Espiral, 1987.

Ragué, María José. «La mujer como autora en el teatro español contemporáneo». *Estreno* 19.1 (Primavera 1993). 13-16.

Serrano, Virtudes. Introducción a *Noches de amor efímero*. Murcia. Universidad, Secretariado de Publicaciones, 1991.

Torres-Pou, Joan. «Síntesis e inversión: Dos rasgos del teatro de Paloma Pedrero». *Alaluz* XXIV, 1-2 (1992). 89-92.

Zatlin, Phyllis. «Paloma Pedrero and the Search for Identity». *Estreno* 16.1 (Primavera 1990). 6-10.

LA DICTADURA Y LA MUJER: OPRESIÓN Y DESHUMANIZACIÓN EN *GANARSE LA MUERTE* DE GRISELDA GAMBARO

Silvia Lorente-Murphy
Purdue University North Central

Griselda Gambaro es autora de dramas, novelas y cuentos para niños.[1] Su obra, en general, se caracteriza por la sordidez en que se mueven los protagonistas, su desesperación, el humor ácido con que se narran los acontecimientos y el ahondamiento en el interior del hombre en búsqueda de su propia identidad en un medio que implacablemente lo empuja al anonimato. Dada la historia reciente de su país natal, Argentina, se puede decir con justicia que Gambaro establece una conexión directa entre la realidad que la rodea y la ficción que escribe. Se trata de una literatura comprometida que cuestiona el punto de vista oficial creando así un discurso disidente e implícitamente acusador.

En *Ganarse la muerte* se cuenta la cruel peripecia de una muchacha que, sin transiciones, pasa de la felicidad a la tragedia. Lo que aparenta ser la «fortuna», «suerte» o «destino» es, en realidad, la represión institucionalizada en la familia y el país, represión que se utiliza para perpetuar valores aceptados por la oficialidad. Cledy, la protagonista, va de la orfandad al matrimonio feliz para pasar después al abuso sexual, la humillación, el goce nuevamente, el dolor por la pérdida de sus hijos y la completa alienación final. Abruptamente y

---

[1] *El desatino, Los siameses, El campo, Nada que ver, Sucede lo que pasa* (piezas para teatro representadas en varios países), *El desatino, Una felicidad con menos pena, Ganarse la muerte, Lo impenetrable, Dios no nos quiere contentos* (novelas) y «La cola mágica» y «Un asiento para la lombriz» (cuentos para niños).

sin ninguna explicación se convierte en una figura altamente simbólica de aquellos que por su origen y posición son objeto de una historia que no entienden y que, por otra parte, no les es permitido protagonizar; tal, por ejemplo, el mismo esposo de Cledy:

> Alguien había dicho que se hace camino al andar, y lo anonadó pensar cuánto tiempo necesitarían sus pies para hacerlo en la roca, en el agua, en la arena. Haría el camino pero se quedaría sin pies, llegaría con las rodillas, si quería ser exacto. El poeta había hablado bellamente, pero mintiendo, recortando el mundo a su propia necesidad. ¿Qué clase de camino podía hacerse sólo con los pies de uno? Su madre era muy prepotente. Harían falta miles de patas para abrir un camino transitable sobre los torturados y los muertos. Se puso pálido abrazándose a los muñones. Ay, cuando pensaba, solía hundirse. (61-62)

Al final de la novela Cledy es baleada por un delito tan nimio como el de haber dejado quemar la comida. La suerte de la protagonista se compara con la de un animal al narrar el simultáneo deceso de «un perro imprudente que levantaba la pata contra un árbol». (193)

La mujer, en regímenes autoritarios es, indudablemente, el elemento más vulnerable por su posición marginal que se manifiesta en varios aspectos: el ser todavía relegada al espacio privado de la casa con la consecuente imposibilidad de participar activamente en el devenir histórico, el aceptar pasivamente las creencias y valores del sistema patriarcal dominante y el crear una subcultura que se origina en el cuerpo, en el ámbito doméstico y en lo cotidiano. [2] En una obra anterior, *Una felicidad con menos pena* (1968), la caracterización de los personajes femeninos es decididamente grotesca, restringiéndose a epítetos tales como «gorda», «flaca», etc., y lo maternal tiene asociaciones infrahumanas al ser vinculado con animales. En *Lo impenetrable* (1984), la mujer dirige su instinto maternal hacia una relación

---

[2] Véase Guerra Cunningham, 366-367.

lésbica fundada casi exclusivamente en el placer sexual. El cuerpo femenino es también objeto de una abyección que extralimita el ámbito de lo individual y caracteriza a la mujer a nivel nacional: «Nuestras carnes son más sólidas y aguantadoras, y encima tenemos esto -y se sostuvo las partes- ¡Esto en lugar de una fosa maloliente!» (108). En la narrativa de la época del Proceso, el cuerpo femenino cumple dos funciones muy importantes: como sitio de múltiples violaciones registra los excesos de la época y como ente que se desborda en humores, opone una resistencia metafórica al régimen que insiste en mantener todo bajo control.

Ganarse la muerte fue publicada en Argentina en 1976, época de la etapa final del peronismo y comienzo del régimen militar. Tanto la persecución del gobierno civil, como la llevada a cabo durante el Proceso de Reorganización Nacional dejó como resultado una literatura comprometida que se manifiesta en múltiples variantes. Una de ellas, y en la que en mi opinión está situada la novela de Gambaro, es una corriente que sin ser explícitamente acusadora, carece de inocencia, presenta los hechos como cuestiones altamente debatibles y cuya interpretación final está siempre fuera de los márgenes del texto y a cargo del lector. En *Ganarse la muerte* no encontramos denuncia directa sino la presentación descarnada de una realidad que cualquier intérprete puede calificar de cruel y arbitraria:

> En el barrio la trataban con respeto compasivo, un poco distante, sin embargo, porque el motivo de la muerte de los chicos se ignoraba. Nadie quería compromisos. Y era comprensible. Sólo algunos inconscientes, por lo general muchachos, cuando moría alguien, inexplicablemente, de un síncope en la comisaría, o muchos, acribillados a balazos en una fuga, hacían manifestaciones en la calle, alborotaban hasta que les rompían los huesos. ¿Y no era lógico, en cierta forma? ¿qué justificación hay para el escándalo? Pretextos para el caos, a río revuelto, ganancia de pescadores. Los tiempos habían cambiado. La muerte ya no otorgaba a nadie certificado de santidad. (181)

En esa forma incisiva de describir los hechos, identificamos una profunda preocupación por el sentido de la existencia humana, la devastadora experiencia de la soledad, la incomunicación, el egoísmo y la escasez de opciones en un medio social que no ofrece posibilidades y cuya estructura es inflexible. Experimentamos también el sentimiento de vejación, especialmente del cuerpo femenino que se hace así símbolo por antonomasia de lo perseguido y torturado.[3] Es bien sabido que durante la dictadura, el elemento subversivo o disidente era calificado en términos de «cáncer», «infecciones», «lepras», o se lo reducía a términos infrahumanos como los de «animales», «perros», etc. Tal como lo puntualiza Saúl Sosnowski, en la Argentina de los años setenta se produce una «proscripción de palabras y anulación de cuerpos» (Sosnowski, 955).

Tanto en *Ganarse la muerte* como en otras obras de Gambaro, el proceso de victimización por parte de la dictadura, recurre a métodos como el envilecimiento del cuerpo humano mediante la tortura y la persecución. La creación de una atmósfera irrespirable se lleva a cabo mediante recursos característicos de la producción teatral (de la que Gambaro ha participado fecundamente), especialmente las técnicas del teatro del absurdo y del teatro de la crueldad. El teatro del absurdo, en efecto, no discute acerca de lo absurdo de la condición humana, simplemente presenta la vida de un individuo en secuencias dislocadas cuyo contenido (alienante) cobra valor universal.[4] El teatro de la crueldad, también renunciando a especulaciones teóricas, presenta al hombre en condiciones infrahumanas para recordarle el contenido irracional, fortuito y doloroso de su existencia y descartar cualquier

---

3   «El cuerpo funciona entonces como encarnación de lo contingente, donde dominan las relaciones de poder imperantes en la totalidad social -ese cuerpo aparecerá siempre como realidad limitadora y limitada: cuerpo encarcelado, sufriente, sujeto a la tortura y la vejación. El cuerpo duplica el sistema de dominación que surge a partir de una administración del poder determinada, elaborando respuestas que, a partir de mecanismos de desplazamiento, lo estigmatizan completando una dinámica que lo convierte, de simple blanco posible de la represión externa, en punto desde donde sale disparada una conducta que duplica, reproduce el sistema de poder en el que ese cuerpo se encuentra inserto». (Mario Cesáreo, 519)

4   «In the theater of the Absurd, the spectator is confronted with the madness of

ilusión optimista al respecto.[5]

Un día muy nublado a Cledy, la mujer protagonista de *Ganarse la muerte*, se le permite llevar a su hija al parque. Poco después de haber salido, sin embargo, la familia decide caprichosamente que es una mala idea y Horacio, el esposo, corre a detenerla:

> Horacio fue inflexible, se le desgarraba el corazón, pero cumplía órdenes y no de cualquiera. ¿Es que Cledy no comprendía que obedecer es más difícil que desobedecer? En una época sin reglas, Horacio se había impuesto la obediencia como norma y no lo lamentaba, aunque su corazón desgarrado estuviera hecho escamas bajo su pecho. (139)

Cledy y Horacio responden a un orden autoritario establecido por la familia. A su vez, la familia responde a un orden político y social devastador y ajeno a ellos. El desamparo que Cledy había sufrido en el orfelinato no se atenúa en el seno familiar. Ambos ambientes son despiadados e inflexibles; ambos son el reflejo microscópico de un país depredado por la dictadura y en todos los personajes se hallan patentes las huellas de la subyugación y de la conducta predeterminada. La aproximación a estos problemas por parte de la escritora (Gambaro), se hace generalmente recurriendo a la ironía y convirtiendo en ambigua la distinción entre comedia y tragedia. Un día en que los padres de Cledy parecen regresar de sus tumbas, Cledy no los reconoce. Los supuestos padres insisten en identificarse:

---

the human condition, is enabled to see his situation in all its grimness and despair, and this, in stripping him of illusions or vaguely felt tears and anxieties, enables him to face it consciously, rather than feel it vaguely below the surface of euphemisms and optimistic illusions. And this, in turn, results in the liberating effect of anxieties overcome by being formulated». (Martin Esslin, 303-304)

[5] «If the Theater, like dreams, is bloody and inhuman, it is in order to manifest and to root unforgettably in us the idea of a perpetual conflict and a spasm in which life is constantly being cut short, in which everything in creation rises up and struggles against our condition as already formed creatures it is to perpetuate in a concrete and immediate way the metaphysical ideas of certain Fables whose very atrociousness and energy are enough to demonstrate their origin and their content of essential principles». (Antonin Artaud, 245)

-Tengo tus ojos- dijo (la madre)
Y el padre agregó: -Tu nariz.
Los otros asentían, más felices ante lo que se presentaba como una prueba irrefutable.
-Tu sexo- dijo la madre y se levantó las polleras.
-Comparemos. Verás. El objeto es el mismo. (130)

Así, la sordidez es una de las características más sobresalientes de la trama novelesca. Hacia el final del libro, la voz narradora hace una reflexión sobre el sufrimiento de Cledy subrayando el elemento absurdo de la existencia humana en general:

> Toda angustia que devora al ser que la soporta, es estéril. Si después de la muerte de sus padres, los primeros, Cledy no hubiera sido conducida al Patronato, si su belleza adolescente no le hubiera proporcionado las atenciones de todo el mundo, desde la Sra. Davies y el Sr. Thompson hasta su compañera de cuarto, si en seguida, del estado núbil o casi núbil no hubiera pasado al de recién casada feliz, y la maternidad, y etc., todas las compensaciones, la angustia no la hubiera devorado. Pero, claro, si mi tía fuera alargada, verde y con cuatro ruedas, sería un ómnibus. (176-177)

La imagen humorística fragmenta la realidad particularizando un hecho y presentándolo de súbito como una nota «descentrada» de su contexto. Esta técnica encierra un propósito caricaturesco que desvirtúa cualquier sentimiento o raciocinio. Mientras la imagen poética unifica los elementos de la realidad, la imagen humorística los bifurca logrando así comunicar un concepto caótico del hombre en sí mismo y en sus relaciones con los demás.[6] Esta situación de desconcierto se acentúa, por supuesto, bajo regímenes dictatoriales en los cuales, perdido el control individual, se recrudece el sentimiento de alienación. Los protagonistas de *Ganarse la muerte* muestran todos, en mayor o menor medida, la conducta del asombro y de la enajenación.

---

6   Véase Arqueles Vela, 183-197.

El discurso oficial, durante la segunda presidencia de Perón y aún más durante el gobierno militar, definía la realidad argentina de manera simplista entre orden y desorden, patria y antipatria, bien y mal. [7] La contestación literaria hace énfasis en la complejidad del acontecer nacional y humano en general, y la necesidad de reconstruir los hechos valiéndose de voces dispares y disidentes que «cuenten» versiones y hagan rodeos, desde ángulos diferentes. Los escritores emprenden la tarea de mostrar los matices de la realidad negados por las explicaciones simplistas de la oficialidad. Así, la muerte de los padres de Cledy es presentada e interpretada desde diferentes perspectivas.

En el orfelinato se dice que los padres de Cledy han muerto atropellados por un auto al cruzar la calle mientras la madre se quejaba del trabajo doméstico embrutecedor y el padre le contestaba con una grosería. Después del impacto, de acuerdo con esta versión, la mujer mostraba «impúdica la pollera levantada y los muslos machucados» y el hombre permanecía mudo, «conformes los dos, en buen acuerdo. ¡Lástima haber esperado tanto para ponerse de acuerdo!» (16) Cledy, por su parte, recuerda o imagina una situación completamente diferente:

-Cruzaban la calle. Se querían mucho, siempre estaban mirándose a los ojos. No veían nada, salvo esa puerta por donde cada uno puede entrar en otro. (50)

La multiplicidad de puntos de vista en la narración cumple dos funciones: opera como una apertura a la «otredad», a lo que es diferente, desafiando el imperio de un solo discurso, en este caso, el

---

[7] «Bajo la égida del gobierno militar, el estado articuló una teoría unidimensional de la realidad. Esto apuntaba a la creación de un discurso unificado y a la eliminación de toda oposición; se creó un programa institucional para desterrar todo sentido de otredad. Dedicados a perjudicar la circulación del conocimiento colectivo, los militares intentaron poner coto a las averiguaciones de los ciudadanos argentinos, y redujeron sus actividades interpretativas a la esfera de la vida cotidiana. Esto fue regulado tanto con controles discursivos como institucionales». (Francine Masiello, 13)

discurso oficial, a la vez que le transmite al lector la incertidumbre y la ansiedad de los protagonistas frente a una realidad que se presenta como resbaladiza, de múltiples facetas, todas igualmente verídicas, todas igualmente fraudulentas y en la que el concepto de «verdad» varía según quién esté a cargo de enunciarla:

> La gente siempre se dejaba arrastrar por lo más obvio, el camino más fácil y corriente, por eso la vida resultaba tan tediosa.
>
> -¡Papá! ¡Mamá!- dijo Cledy, muy trastornada, como es natural- ¿No estaban muertos? -preguntó, como si fuera un hecho susceptible de dudas, esto es, pensando convencionalmente. Obtuvo una negación unánime de las cabezas y entonces comenzó a llorar con una felicidad inaguantable, rasposa. (127-128)

A pesar de los múltiples elementos alegóricos que se utilizan en la narración y a pesar del escamoteo constante del relato testimonial, Griselda Gambaro hace suficientes referencias directas a la época álgida que vive Argentina en 1976, señalando repetitivamente sus elementos violentos, la confusión, el miedo y el verticalismo jerárquico marcado por una estructura decididamente clasista:

> Cuando abrió la puerta, los amigos, que habían llegado en grupo, todos juntos, estaban apelotonados contra la puerta y le cayeron encima. Había un veterinario, un militar y un abogado. El resto era gente inferior. (101)

El lector de *Ganarse la muerte* es confrontado con una realidad que traspasa la anécdota de la novela y cobra validez universal de la cual él debe hacerse cargo: la futilidad de la iniciativa individual en medios o regímenes autoritarios y represivos que no ofrecen lugar para el cambio ni la evolución del reprimido. Hombres y mujeres son progresivamente empujados al silencio, la ignorancia y la soledad, creándoseles paulatinamente una situación de dependencia que les impide encaminar sus vidas hacia un futuro definido e independiente:

> Corría a ciegas, como en un sueño, y nadie tendía la mano para detenerla, explicarle el espanto, ampararla. Había nacido completamente desguarnecida, puede decirse, a la espera de la palabra salvadora que debían pronunciar los otros. (156)

El ser humano así marginado se entrega, generalmente, a una forma de conducta simiesca que repite, imita, acepta lo dicho «desde arriba» exhibiendo, de ese modo, el carácter subordinado de su mentalidad y la anestesia moral de que padece:

> Intuitivamente, sabía que la condición humana tiene su carga de esclavitud y espanto, y ellos, en cierta forma, no se podían quejar... Por eso, renunciaba a explicar cada circunstancia cotidiana, hecho imposible que entorpecería la vida (porque cada circunstancia obedecía a una maraña de porqués y cómos, causas y consecuencias) y sólo le pedía a Cledy, tiempo, paciencia... No hay que forzar, sino vivir pacientemente, un poco como los animales. (118)

La deshumanización, impuesta desde afuera, pero asumida con naturalidad por los personajes, minimiza el sufrimiento ajeno, agiganta la distancia entre las personas y alimenta el egocentrismo. Los individuos se mantienen incomunicados, subdesarrollados e imposibilitados para forjarse su propio futuro, víctimas de la asfixia que produce todo control dictatorial y cuya trayectoria en el mundo es ya familiar para cualquier lector hispanoamericano:

> Hijito mío, hijito mío, un día nacerá el negro o rubio que te golpeará los testículos. ¡Ay, si uno pudiera saber! Prevenirse de antemano. La elección es obvia, pero, ¡tan difícil! Una eternidad de sujeción para que mueras dócilmente, hijito mío. (9)

En *Dios no nos quiere contentos*, de 1979, Gambaro retoma el tema y la voz narradora habla de un país «áspero y duro» y de una madre que «decapitaba a sus hijos, que los gestaba con ternura, ignorante ella misma del destino que les deparaba» (59). Cledy, de *Ganarse la muerte*, con toda su enorme carga de sordidez y de abyección resume, sin duda, las características más sobresalientes de la víctima política actual y su marginación se establece de hecho aun en la zona doméstica. Es la mujer, por medio de su cuerpo y su posición social, quien representa más fidedignamente al individuo negado y silenciado por los regímenes de fuerza.

Obras citadas

Artaud, Antonin. *Selected Writings.* Edited by Susan Sontag. Translated from the French by Helen Weaver. New York: Farrar, Straus and Giroux, 1976.

Cesáreo, Mario. «Cuerpo humano e historia en la novela del Proceso». Hernán Vidal, Editor. *Fascismo y Experiencia Literia: Reflexiones para una Recanonización.* Minneapolis: Institute for the Study of Ideologies and Literature. Nº2, 1985: 501-531.

Esslin, Martin. *The Theater of the Absurd.* New York: Doubleday & Company, Inc., 1961.

Gambaro, Griselda. *Una felicidad con menos pena.* Buenos Aires: Ed. Sudamericana, 1968.

Ganarse la muerte. Buenos Aires: Ediciones de la Flor, S.R.L., 1976.

Dios no nos quiere contentos. Barcelona: Editorial Lumen, 1979.

Lo impenetrable. Buenos Aires: Torres Aguero, 1984.

Guerra Cunningham, Lucía. «Identidad cultural y la problemática del ser en la narrativa femenina latinoamericana». *Discurso Literario.* Vol. 6, Nº2. 361-389.

Masiello, Francine. «La Argentina durante el Proceso: las múltiples resistencias de la cultura» en *Ficción y poética. La narrativa argentina durante el proceso militar.* Daniel Balderston et al. Minnesota: Institute for the Study of Ideologies & Literature, 1987. 11-29.

Sosnowski, Saúl. «La dispersión de las palabras: Novelas y novelistas argentinos en la década del setenta». *Revista Iberoamericana* Vol. 49, Nº125, Oct-Dic. 1983: 955-963.

Vela, Arqueles. *Análisis de la expresión literaria.* México: Editorial Porrúa, S.A., 1987.

DEL OBJETO AL SUJETO MUJER: *PENAS SIN IMPORTANCIA* DE GRISELDA GAMBARO

Magda Castellví deMoor
Assumption College,
Worcester

Más de una vez los críticos han señalado la ausencia de planteos femeninos en el teatro de Griselda Gambaro. Sin embargo, algunos han percibido una corriente subterránea desde sus primeras obras que apunta en esa dirección a lo largo de más de veinticinco años de labor dramática. Para Kirsten Nigro, «Esta falta de lo obviamente femenino pudiera explicar en parte por qué la obra de Gambaro ha sido estudiada más de las veces en contextos `a' o `trans-sexuales'». Y señala: «Pero una carencia no necesariamente significa una ausencia total, y dentro de algunas tendencias de la crítica femenina, es justamente el silencio lo que se enfoca, para escuchar el subtexto femenino que yace debajo...» («Discurso» 65).[1] Ese discurso soterrado se percibe con características más discernibles ya en *La malasangre* donde la protagonista, Dolores, pareciera sintetizar tales observaciones con las desafiantes palabras finales que grita a su padre, encarnación del poder

---

[1] K. Nigro presentó inicialmente este planteo en un encuentro mesa redonda dedicado a G. Gambaro y J. Triana en Dartmouth College del 6 al 8 de octubre de 1987. Nigro ha aprovechado para sustanciar su hipótesis los estudios de Ann Rosalind Jones, «Inscribing Femininity: French Theories of the Feminine». *Making a Difference: Feminist Literary Criticism*, eds. Gayle Green y Coppélia Kahn (London-New York: Methuen, 1985), 99, y de Josette Féral, «Writing and Displacement: Women in the Theatre», *Modern Drama* 27 (December 1984), 549-563. Para ejemplificar las observaciones de Nigro, recuérdese que en un número de piezas apenas si aparecen mujeres y que en otras, por ejemplo, en *Las paredes, El miedo, Decir sí*, ni siquiera hay personajes femeninos.

represivo, «¡Yo me callo, pero el silencio grita!»[2] En obras de Gambaro posteriores hay una intensificación del subtexto. Piénsese en *Del sol naciente* donde la protagonista Suki pasa de la imagen de objeto sexual creada desde la perspectiva del guerrero Obán a sujeto de la enunciación con una voz insolente frente a las demandas de éste. Similarmente, en *Antígona furiosa* se recorta el papel de la mujer dentro del sugerido espacio político con una protagonista que lucha por un papel de centralidad desde la marginalidad en la que sistemáticamente el rey Creonte insiste en retenerla. La expiación que la muerte por sus propias manos significa, no representa sino una autoafirmación que invalida el perdón del déspota.[3]

Al llegar a *Penas sin importancia* (1990)[4] el lector/espectador puede reconocer el giro que la estética de Gambaro toma con respecto a las obras anteriores. La exploración de la problemática de la mujer es deliberada, ya que aborda esa compleja temática al exponer las relaciones de los géneros entre personajes femeninos y masculinos subrayando los roles de la mujer. Para ello, la dramaturga ha recurrido a estrategias del teatro en el teatro y del género paródico, combinación que le permite establecer un paralelismo entre los papeles que se representan en el teatro y los de la realidad social. Por ser metateatro, la obra se compone de un espacio teatral en primer plano, que comprende las vicisitudes de la vida diaria de tres personajes contemporáneos del espectador y el teatro interior, que está concebido como una parodia de un texto de Chejov, *Tío Vania*. La interrelación entre ambos espacios escénicos se establece por medio de Rita, protagonista que

---

2   Enrique Giordano dedica un extenso capítulo a este personaje y su evolución dentro de la pieza como poseedora del logos que hasta el momento final ha pertenecido al orden decadente y represivo que representa el Padre. Véase «*La malasangre* de Griselda Gambaro: un proceso de reconstrucción y recodificación» (72).

3   Los comentarios sobre estas dos obras sintetizan respectivamente las conclusiones en dos artículos míos, «El drama pronominal entre 'yo/tú-vos-usted' en el discurso de *Del sol naciente* de Griselda Gambaro» y «Agresión textual y narratividad en *Antígona furiosa* de Griselda Gambaro».

4   La obra fue estrenada el 5 de octubre de 1990 en la Sala Cunill Cabanellas del Teatro Municipal General San Martín de Buenos Aires con la puesta en escena y dirección de Laura Yusem. Recibió el premio de la Asociación de Críticos e Investigadores Teatrales de la Argentina (ACITA) a la mejor obra de 1990.

Gambaro ha creado para vincular la realidad ya ficcionalizada y la realidad en proceso de teatralización. A lo largo de las seis escenas se crea, así, un metatexto cuyo meollo es el tema de la división discriminatoria de roles según los géneros y las serias consecuencias de ello. La obra plantea la cuestión de los roles genéricos como performancias o actuaciones teatrales. Cuando Judith Butler sugiere que el género es una construcción cultural, anticipa también la posibilidad de una transformación de las funciones de los géneros por medio de actos performativos (272). De esto se trata en *Penas sin importancia*.

La acción del primer plano o marco dramático se desenvuelve en un ambiente en el que desde el principio queda establecida la situación harto conocida de una pareja joven que sufre limitaciones económicas, puesto que él, Pepe, no tiene empleo. Aunque Rita está embarazada, es ella quien mantiene a ambos con trabajos poco remunerados. Trabaja fuera todo el día como sirvienta en varios lugares, y además, hace las compras del mercado, cocina y limpia la casa. No hay nada de extraño en esta situación, según la percepción de Pepe, para quien el problema se presenta cuando ella no trabaja lo suficientemente rápido. Explica a su amigo Andrés: «Si llega tarde a una casa, se atrasa en todas las otras. Es un yugo» (113). Su comentario señala la actitud de un observador ajeno a la situación, y no como lo que en realidad es, participante y también causa de ese «yugo». Sin duda, Gambaro ha querido mostrar a este personaje en una posición de privilegio, aun cuando su situación es tan apremiante como la de ella, ya que, en efecto, Pepe no hace nada mientras ella trabaja. Se pasa el tiempo tirado en la cama o practicando canto -tiene buena voz y aspira a recibir un trabajo con ello- y sale de la casa para entrevistas, imaginarias o reales, en busca de empleo. Esto es lo que por lo menos le hace creer a Rita, aunque en realidad la mayoría de las veces se entretiene con otra mujer. Como él mismo confiesa a su amigo Andrés: «Estoy en un lío» (131), y justifica sus escapadas mujeriegas como necesarias o por lo menos justificables, puesto que son «intervalos» o «suspensiones» (132) dentro de su miserable existencia. El tercer personaje de este núcleo es Andrés, contratapa de Pepe, para quien la realidad es compartir y hacer el bien a los demás. Insiste en visitar a la pareja y cada vez que lo hace trae ropa usada de su difunto padre para ayudar a Pepe. No obstante sus buenas intenciones, esto en verdad molesta a éste. Su rol es el del amigo que recibe y comparte las confidencias de ambos, pero que se solidariza sobre todo con el dolor moral de Rita. Todo hace pensar que Pepe acepta su presencia durante sus ausencias, porque lo considera un «mariquita» y esto sin duda pone a salvo a su mujer mientras él se desentiende del problema doméstico.

Cuando se analiza el contraste entre el rol de Rita y el de Pepe, el lector reconoce inmediatamente el planteo de la separación de funciones de cada género en un entorno sexista. A propósito de esa división real fuera del teatro, Leonor Calvera nos recuerda que los roles «son las únicas vías de comunicación fáctica existentes; como tales cumplen una función intercomunicante entre los individuos. En tanto para el varón esos roles son móviles y abiertos, los ofrecidos a la mujer, mucho más escasos, tienden a quedar anclados en el estatismo. Esos roles, mantenidos a lo largo de la historia, le han dado a la mujer una identidad que, siendo el reverso de la masculina, se ha dado en llamar refleja» (87). Ello queda expuesto en la obra con la ostensión del desequilibrio en las funciones diarias de ambos personajes y las varias facetas de la imagen de la mujer.

El proceso de desmantelamiento de esos roles y de la imagen especular de la mujer se inicia con la introducción de las escenas de *Tío Vania* en el teatro interior de *Penas sin importancia*. La parodización de la obra de Chejov no hace sino favorecer la apropiación de roles ya teatralizados, con el fin de ejemplificar las limitaciones de los patrones oposicionales que tradicionalmente han definido a ambos géneros. Aunque la parodia de textos literarios es un terreno que Gambaro ha transitado en obras anteriores, [5] es aquí donde el sistema de imi-

---

5 Véase mi artículo «La parodia en el teatro de Gambaro, interdiscursividad y voluntad de estilo», en *Teatro y teatristas. Estudios sobre teatro iberoamericano y argentino*, ed. Osvaldo Pellettieri. Buenos Aires. Galerna/UBA, 1992: 147-153. Se incluyen además comentarios sobre los artículos de Becky Boling, «Reyes y princesas: la subversión del signo, en *En busca de una imagen:*

tación se presenta con rasgos mucho más explícitos. La obra reconoce abiertamente el préstamo de Chejov, a tal punto que los personajes del modelo aparecen recortados e insertados directamente en escena. Este traspaso literal les da a los personajes rusos un carácter transtextual [6] más que intertextual, ya que actúan con vida independiente de la de los personajes contemporáneos del lector/espectador. La única que tiene contacto con ellos dentro del teatro total es Rita, quien por medio de su fuerza discursiva los trae al plano del espectador/lector mientras ellos permanecen invisibles a los otros dos personajes del teatro marco. El comportamiento de aquéllos muestra a las claras su adhesión a los cánones sociales convencionales. Sumidos en una atmósfera de aburrimiento, tanto los personajes masculinos como los femeninos de *Tío Vania* están desprovistos de iniciativa para provocar cambio alguno en los papeles que les ha tocado representar. Irina Kirk observa que, «their inability to truly live has already determined not only their present, but their future, and this knowledge becomes an irrevocable part of their being. The question is no longer how to live, but as Voinitsky [Vania] expresses it, `with what to fill the passing years?'» (138). A no dudar, la percepción de Gambaro coincide con este comentario, puesto que las situaciones que ha seleccionado proyectan convincentemente la gran parálisis de sus papeles.

De manera fragmentada, según progresa el desmantelamiento de los roles, se presentan los dramas individuales de los personajes chejovianos. El tío Vania, su sobrina Sonia, el viejo profesor jubilado Serebriakov -padre de ésta-, Elena Andrievna -la joven madrastra de Sonia- y el joven médico de campo, Astrov, entran en escena como lo que son: personajes con vida literaria propia. Gradualmente, desde su condición de meras siluetas de fondo, cobran vida hasta que se establece la comunicación de Sonia y Astrov con la protagonista de Gam-

---

Estudios críticos sobre Griselda Gambaro y José Triana. Ed. Diana Taylor. Ottawa: Girol, 1989: 75-88, y Sharon Magnarelli, «El espejo en el espejo: el discurso reflejado/reflexivo en *Real envido*.» ibid., 89-102.

[6] El término se entiende aquí según la descripción de Gérard Genette: «la transtextualité ou transcendance textuelle du texte, que je définissais déjà, grossièrement, par `tout ce qui le met en relation, manifeste ou secrète, avec d'autres textes'».

baro. Llegan a desprenderse de los movimientos rápidos y los gestos exagerados que tienen al empezar la obra y se aproximan más y más a la condición de personajes «de carne y hueso». Proveen de este modo una suerte de espejo en el que el lector/espectador ve reflejadas las limitaciones de los personajes contemporáneos.

El contacto entre los dos textos y los dos planos teatrales se establece en la escena inicial cuando Vania intenta matar a su cuñado Serebriakov. El lector de Chejov sabe que esta acción se precipita a causa de los años de abuso de aquél sobre éste por la administración del campo y por su decisión de vender la propiedad rural donde viven y dejar a los otros sin casa. En rápida sucesión se ve aún balanceándose el columpio donde Elena suele pasar sus horas vacías y se oyen las voces de despedida en el momento de la partida de Serebriakov y Elena a la ciudad. Las estrategias de Gambaro ponen en práctica la teoría de Linda Hutcheon, para quien la parodia, al apropiarse de un texto previo y ponerlo a la luz de una nueva contextualización, involucra tanto una relación interdiscursiva de la enunciación como una relación intertextual del enunciado entre textos («Authorized Transgression» 19), [7] que favorece los propósitos críticos. En esa doble vuelta de tuerca, socava el texto original con la consecuente subversión de la realidad que el nuevo texto refleja. El espectador o lector se ve obligado a «ver doble» y participar en varios niveles de lectura mientras asiste a la desmembración del modelo y a la progresiva composición del nuevo texto, que tiene lugar concretamente ante sus ojos. En efecto, los fragmentos de la pieza de Chejov se iluminan en distintos sectores del escenario alternándose con el espacio contemporáneo o yuxtaponiéndose a él.

A causa de las características discursivas que Gambaro ha infundido en su protagonista, ésta puede no sólo comunicarse con Sonia

---

[7] La parodia, tal como se entiende en este estudio, no es una mera paráfrasis de otra obra con fines humorísticos, como tradicionalmente se la describe, sino un instrumento de crítica que pone en tela de juicio al modelo. La teoría de la parodia que sostiene Hutcheon permite al crítico acercarse a una obra teniendo en cuenta las características metatextuales del texto con prescindencia de si la obra tiene intenciones de burla o no.

y Astrov, sino también cuestionar su conducta y la de los otros del mundo ficcional de *Tío Vania* y reaccionar con sus propios puntos de vista. Así, por medio del juego de textos que Rita controla, Gambaro se pregunta e induce al lector a preguntarse por el sistema de papeles sociales desde la perspectiva de los géneros femenino y masculino. La función dramática de Rita es precisamente la de ayudar a desarmar la imagen masculina de la mujer. Las palabras de la misma Gambaro en «Sobre la mujer y la literatura», explican su rol: «Mucho valor necesitaremos para explorar y aventurarnos en esos terrenos donde nos atrevamos a mirarnos, porque como mujeres somos aún metáforas convenientes y engañosas de un mundo masculino» (473). Gambaro se aprovecha de esta percepción metatextual para introducir el elemento ideológico de la política de los géneros y cuestionar así el discurso dominante de la sociedad.

La parodia del modelo pone las imágenes femeninas de la obra rusa bajo el escrutinio de Rita y, como resultado, da relieve con rasgos bien marcados a todo aquello que Gambaro se propone cuestionar. Para citar nuevamente a Hutcheon, en la parodia, «subversion also inscribes what it undercuts, however, and so it may ironically work toward the enshrining of those values it exists to contest [...]. It sits on the fence; it literally becomes a point of interrogation. Its ironies implicate and yet critique» (*Poetics* 190-191). El ambiente de aridez intelectual y desesperanza al que *Tío Vania* remite, tanto para los hombres como para las mujeres, sirve de referente al espacio en el que la autora argentina inscribe a sus propios personajes para poner en tela de juicio conocidos patrones sociales. Incrustadas en la vida rural rusa, las mujeres de Chejov traducen una situación conflictiva que resulta de los papeles que las llevan a dejarse ahogar por las normas establecidas sin hacer nada por cambiar su situación.

El propósito de Gambaro es mostrar cómo Elena Andrievna y Sonia funcionan con respecto a los personajes masculinos según modelos de feminidad del sistema cultural vigente. Elena, consciente de ser observadora más que participante de las complicaciones de la vida, acepta su infelicidad al lado de un esposo enfermo y dominante que es mucho mayor que ella. Pero éste no le puede ofrecer más que una vida insípida y sin cambios. No se deja seducir, sin embargo, ni por los requiebros de Vania ni de Astrov, quienes no resisten el magnetismo de su belleza física. En el siguiente diálogo entre Sonia y su madrastra se revela el vacío que el papel de ésta conlleva. Ella misma confiesa a Sonia:

ELENA A.: [...] Este ambiente devora a cualquiera. Yo... por lo menos... ¡Pero a mí no me pasa nada! (Se levanta del columpio). Soy un personaje aburrido. Con tu padre nos pasamos semanas enteras sin hablarnos, y Dios sabe por qué... ¡Todo es un fracaso! Particularmente, mi vida.

SONIA: Te equivocaste con mi padre.

ELENA A.: Sí. Me deslumbró, creí amarlo. No me casé por interés, como pensaste. [...]

SONIA (ríe): ¡Paz, paz! Ya no lo pienso. (La abraza). Y ahora, ¿estás arrepentida? ¿Hubieras preferido un marido más joven?

ELENA A.: ¡Qué pregunta! (Ríe). ¡Claro que sí! Pero tu padre es mi marido, tenga la edad que tenga... Todos hablan mal de él, me miran con lástima: ¡pobre, tiene un marido viejo! ¡Sí, todo el mundo me compadece! Y... ¡Me muero de aburrimiento!

SONIA: ¡No! ¿Cómo es posible? Bastaría que quisieras.

ELENA A.: ¿Qué?

SONIA: Ocuparte de la casa.

ELENA A.: ¿Yo? ¿Ocuparme de la casa? (Ríe).

SONIA: Sí. O enseñar. Curar.

ELENA A.: [...]¡Qué trabajo interesante! No me gusta. (103-104)

El que a Elena no le pase nada y acepte su situación sin intentar siquiera una posible salida, no hace sino confirmar el retraimiento al que la mujer/objeto pasivo está confinada. Elena ejemplifica la tesis de Simone de Beauvoir (en *Le deuxième sexe*) y de los estudios subsecuentes de críticas feministas sobre la alteridad de la mujer; o sea, sobre «lo Otro» del sujeto hombre. Toril Moi resume este punto refiriéndose a la ideología patriarcal que percibe a la mujer como inmanencia mientras que el hombre se posiciona como trascendencia, lo cual lleva a la mujer a asimilar esta visión objetivada y a vivir en un constante estado de inautenticidad. (92)

La imagen que surge de la autodescripción de Elena queda afirmada en un diálogo entre Rita y Astrov. A un comentario de éste sobre la bellaza de aquélla, Rita adelanta una observación negativa que muestra la intención de Gambaro de provocar en su protagonista una reacción contra la imagen estereotipada de la mujer:

RITA: Elena Andrievna no hace más que cuidar su cuerpo, sus vestidos. [...] A eso usted llama belleza.

ASTROV: Sí. Y es lo único que todavía me conmueve. Si Elena Andrievna me concediera atención, me volvería loco. (111)

Gambaro ha transferido a la Elena de *Penas sin importancia* la fría belleza inaccesible que Richard Peace percibe en el personaje de Chejov. Para este crítico, la belleza femenina se presenta en la obra rusa como una fuerza destructora y casi como un tema mitológico que nos recuerda a la otra Elena (56). El lector y el crítico pueden observar fácilmente que tanto desde el punto de vista de la propia Elena como desde el de los otros que la rodean, su imagen encaja dentro de la percepción masculina que conduce a la limitación de la mujer. Elena participa del propio proceso de anulación intelectual, reflejando lo que Rosario Castellanos dice a propósito de la figura tradicional de la mujer: «No olvidemos [...] que la belleza es una idea que compone e impone el hombre y que, por extraña coincidencia, corresponde a una serie de requisitos que, al satisfacerse, convierte a la mujer que los encarna en una inválida, si no es que queremos exagerar declarando, de un modo mucho más aproximado a la verdad, en una cosa». (p. 9)

En cuanto a Sonia, el conflicto entre la realidad y sus sueños se resuelve con la aceptación de su amor imposible hacia Astrov. Sonia interpreta la indiferencia de éste hacia ella en los términos de éste desde la óptica masculina. Como se observa en el siguiente diálogo, al expresar sus sentimientos a Elena, Sonia refleja dramáticamente la involuntaria complicidad de la mujer con el discurso que rechaza la imagen femenina que no coincide con la idealización de la belleza:

SONIA: Me gusta tanto, pero soy fea.

ELENA A.: No. De ningún modo. Tenés lindo cabello.

SONIA: Cuando una mujer es fea, se le dice: tenés lindos ojos, lindos cabellos. Para no mirar el resto. Tengo cara de tonta, ¿no? ¡Lo quiero tanto! Si miro por la ventana oscura, se me aparece su rostro. ¿Te gusta? (102-103)

Atraído por la belleza física de Elena, Astrov no puede reconocer la interior de Sonia. Aunque ésta percibe la inercia de su madrastra, no es consciente de su propia parálisis al resignarse a una vida tan aburrida como la de aquélla. Refugiándose en el trabajo junto al tío Vania, se propone continuar llevando las cuentas del campo para su padre, sin otra alternativa. Rita ejemplifica la observación de Leonor Calvera a propósito de esa complicidad, cuando dice que desde la «invisibilidad especular [...] la mujer ha sostenido el discurso masculino». (88)

Sin duda, en la espera sin esperanza de Sonia y en el tedio de Elena, Gambaro ha querido mostrar no sólo la internalización de imágenes de la mujer creadas por la ideología masculina, sino también la perpetuación de esas imágenes por ellas mismas, que se convierten en agentes de una circularidad sin salida. Elena y Sonia representan las dos caras del objeto mujer creado desde la perspectiva del hombre. Aquélla es el centro de atracción de tres hombres -Serebriakov, Astrov y Vania- por su belleza, mientras ésta, a causa de su fealdad refleja, es ignorada por el único hombre a quien ella quiere. Queda claro que la inautenticidad de ambas es producto de la alienación de la propia imagen.

Frente a los roles estancos de los personajes de Chejov, Gambaro ha dado a su protagonista Rita un papel también condicionado por la ideología masculina, pero también la ha dotado de la capacidad de conscientizarse de su rol y buscarse como sujeto de su experiencia. Para ello, se plantea la cuestión de «posicionamiento» dentro de un espacio que refleja la tensión que ha existido entre los roles de la mujer y los del hombre. Cuando Rita le recuerda a Pepe las limitaciones de él para obtener un empleo y arguye sobre el tipo de trabajo para el que supuestamente será entrevistado, la reacción de Pepe deja bien establecida la oposición tradicional de los géneros:

RITA (una pausa): ¿Un trabajo de qué?

PEPE: De peón.

RITA: No quisiste hacer la secundaria, aprender un oficio... Cantás bien pero nadie te oye. (Mueve la cabeza).

PEPE: Parecés mi mamá. Pero puedo hacer de peón, puedo deslomarme, agrietarme las manos y transpirar. Aquí dentro soy un señor.

RITA: Si lo decís.

PEPE: Lo afirmo. (Como prueba irrefutable) Cuando canto, ¿qué soy?

RITA (lo mira, termina por sonreir): Un prodigio. Maravilloso... (99)

El tono irónico y la doble intención de las palabras son recursos que Gambaro emplea para precisamente poner en relieve el sinsentido de aceptar zonas de privilegio que distorsionan la relación de los géneros y la identidad individual. Si se tienen en cuenta las teorías que cuestionan las estructuras de oposición entre los géneros, se pueden reconocer las observaciones de Sara Castro-Klarén sobre la identidad. Al interpretar el pensamiento de Kristeva (*Woman's Time*), nos recuerda la necesidad de «la deconstrucción de la oposición identidad y diferencia para comenzar a percibir el sujeto femenino» (37). Castro-Klarén explica que, «el problema de la identidad de la mujer, es decir, el acceso a su conocimiento, se relaciona directamente con el sistema de sobre-determinación de la representación que hemos heredado del pensamiento occidental [...]» (36) y por lo tanto, no se trata de rechazar las estructuras de oposición entre lo masculino y lo femenino, sino de reconocerlas para desmantelarlas.[8]

El problema de la identidad se plantea concretamente en la pieza a causa del embarazo y la anticipada maternidad de Rita. Inmersa en el limitado contexto del quehacer diario y de la distribución desigual de responsabilidades, Rita empieza a conscientizarse de su posición. Se pregunta sobre el futuro, no sólo de ella y Pepe, sino también del hijo por nacer:

> RITA: [...] ¿Sabés, Pepe? Tengo el bebé en la panza y no sé si lo quiero... ahora. No sé siquiera quién soy, cómo soy. Es demasiado pronto... ¿O siempre es pronto? (106)

El preguntarse por ella misma es el primer paso que Rita da para examinar su posición dentro del sistema de representación y descubrirse/crearse en su individualidad como sujeto. Sus palabras nos recuerdan las observaciones de Sue-Ellen Case a propósito de la construcción de la mujer, al tener en cuenta la definición del «sujeto» como una función lingüística o filosófica que puede representarse con el pronombre «yo»: «What had earlier been considered a `self', a biological or natural entity, imbued with the sense of the `personal', is now perceived as a cultural construction and a semiotic function. The

---

[8] En este comentario, Castro-Klarén recoge las observaciones de Carolyn Burke en su estudio sobre la posición de Luce Irigaray, «Irigaray Through the Looking Glass». *Feminist Issues* 7.2 (Summer 1981): 288-306.

subject is an intersection of cultural codes and practices» (121). Si se considera que, como Case arguye, el sujeto tradicional ha sido el sujeto hombre, se puede inferir que por medio del comentario de Rita, Gambaro se propone deconstruir en *Penas sin importancia* el conjunto de códigos y signos para desmantelar la centralidad masculina.

Rita toma conciencia de su situación de personaje relegado después de descubrir el engaño de Pepe. Cuando la mujer que él frecuenta llama por teléfono, comprende que los preparativos para salir por unos días no son a causa de una entrevista como había indicado. Con su respuesta, «Ya salió Pepe. Ya fue a buscarla» (125), Rita toma control de la situación desde su espacio marginado. Pero, es la pérdida de la hija, que significa la imposibilidad de llenar el papel de madre, lo que paradójicamente lleva a Rita a descubrirse en su individualidad, al asumir la situación y rechazar la propuesta que Pepe le hace de intentar tener otro hijo:

> RITA: ¿No querías a la nena?
>
> PEPE: Sí, pero no tuvimos suerte. Volvamos a intentarlo. ¿Querés?
>
> RITA: No.
>
> PEPE: Te fastidia trabajar. ¿Es por eso?
>
> RITA: No. O sí. ¿Y a vos, Pepe?
>
> PEPE: ¿Yo? Yo no quisiera trabajar nunca. Te tiran unos mangos y perdés la vida.
>
> RITA: ¿Quién la pierde por vos?
>
> PEPE: Por mí nadie.(Guiña un ojo).Con vos es un trueque. (136)

Decir «no» significa que Rita pasa de un rol pasivo a uno activo. Al adueñarse de la palabra y abrir un espacio suyo, borra la frontera entre el espacio femenino complaciente y el masculino dominante, para eliminar lo que se le opone. Esto representa, en efecto, una ruptura con el sistema de relaciones de los viejos patrones.

Junto con el rechazo de Rita a jugar un nuevo papel propuesto desde fuera de ella, Gambaro agrega otro componente que contribuye a la desestabilización de las estructuras oposicionales genéricas y al afianzamiento de la trayectoria de Rita por descubrirse a sí misma. Esto es, Rita toma conciencia también del lugar de Pepe en el juego de papeles. Cuando analiza el comportamiento de éste y lo compara con el de Astrov, en un diálogo con Sonia reconoce que:

> En algo se parecen. No aman a la persona indicada. O aman desde la orilla de su propio amor. Yo no me quedaré a esperar que la cruce. Puedo envejecer ... y morir. [...] Hay quienes no pueden cruzar su propia orilla. En el amor o en el odio... (139)

El que Rita perciba a ambos en una posición inversa de la que el canon tradicional prescribe, invita al espectador a ver a ambos en una marginalidad paralizada. Con ello, Gambaro destaca el mismo principio que Castellanos sostiene cuando afirma que la mujer, «rompe los modelos que la sociedad le propone y le impone para alcanzar su imagen auténtica», señalando que, «Para elegirse a sí misma y preferirse por encima de los demás se necesita haber llegado, vital, emocional o reflexivamente a lo que Sartre llama una situación límite. Situación límite por su intensidad, su dramatismo, su desgarradora densidad metafísica». (19)

El pasador con que Rita cierra la puerta por donde Pepe sale para la falsa entrevista de trabajo y la puerta misma se vuelven signos con una gran carga semántica. Al ignorar las palabras, «¡Y yo te adoro! Chau. No pongas el pasador» (138), Rita deja a Pepe del otro lado de la puerta; es decir, fuera del espacio de ella. Pero además queda fuera del drama cuando ella no responde a sus gritos, «¡Rita! ¡Rita! ¡Rita!» (142). Así, las palabras finales de Rita sugieren la posesión de un espacio distinto desde donde hablar con voz propia y reconocerse como sujeto. No le basta a Rita, sin embargo, el haberse descubierto en el proceso de conscientización de su realidad. Propone la urgencia de reinventarse junto a los otros marginados. A lo largo de la obra trata, por ejemplo, de cambiar la escritura de Chejov, a Sonia y al tío Vania de sus roles. Al acariciar la cabeza de Sonia, dice: «Llamá a tío Vania. Vamos a esperar juntos, los débiles, los robados. Antes de que llegue nuestra hora, vamos a aprender juntos cómo ser fuertes, cómo vivir. De otra manera» (142). En suma, la protagonista subvierte los códigos de la pasividad femenina y al hacerlo, adquiere control sobre sí misma. Para Gambaro, Rita «revela, a través de un aprendizaje del que no se da cuenta sino por el dolor, qué mujer quiere ser. Y puede enunciarlo, porque también se apropia de un lugar que tradicionalmente se nos niega: el lugar del saber, todavía relegado, en cualquier esfera» (*Los Periodistas*).

La relación dialéctica con el texto ruso crea la marca irónica que el título mismo de la obra ya anticipa. Las penas no son sin importancia; al contrario. En la obra converge todo el sufrimiento que causan las tribulaciones de la vida diaria, la mezquindad y el engaño en las relaciones humanas y la injusticia mucho más abarcadora de la vida en sociedad. Aunque el énfasis está puesto en la situación de la mujer dentro del gran diseño tradicional de la sociedad, Gambaro también llama la atención sobre los personajes masculinos que igualmente sufren. Todo ello encierra la crítica a un sistema social donde se silencia la voz de los desposeídos, sin diferenciación de género.

Por el proceso de dislocación de la obra de Chejov y la construcción de la nueva realidad dramática, Gambaro ha creado una metáfora de la construcción misma de la protagonista. Es que al crearla como espectadora y crítica de los personajes del modelo, Gambaro le ha dado también los medios para preguntarse sobre su propia posición y tomar conciencia del papel que representa, dentro de una realidad manufacturada por el discurso masculino. En suma, *Penas sin importancia* resulta ser la escritura del propio texto de Rita como mujer. No hay, sin embargo, intención de tratar a la mujer de manera sexista siguiendo las teorías que promueven la polarización de los géneros. Coincidimos con Kirsten Nigro en que, «... en manos de dramaturgas como Griselda Gambaro, este binarismo no es el que aparenta ser a primera vista, ya que irónica y sutilmente, revela el poder destructivo, cruel de los binarismos mismos...» («Textualidad» 21). Dicho esto, se puede concluir que *Penas sin importancia* plantea a través de Rita, la necesidad de la mujer de construirse como sujeto y articular nuevas imágenes de sí misma más allá de las estructuras oposicionales que crean falsas imágenes de la mujer. Gambaro nos recuerda que los roles teatrales son un reflejo de los papeles que nos creamos o que se nos imponen y que en esa performancia real los papeles no tienen significados absolutos, sino que encierran la posibilidad del cambio.

Obras citadas

Butler, Judith. «Performative Acts and Gender Constitution: An Essay in Phenomenology and Feminist Theory». *Performing Feminisms. Feminist Critical Theory and Theatre.* Ed. Sue-Ellen Case. Baltimore and London: The John Hopkins UP, 1990. 270-282.

Calvera, Leonor. *Mujeres y feminismo en la Argentina.* Buenos Aires: Grupo Editor Latinoamericana, 1990.

Case, Sue-Ellen. *Feminism and Theatre.* New York: Methuen, 1988.

Castellanos, Rosario. *Mujer que sabe latín...* México. SeptSetentas, 1973.

Castro-Klarén, Sara. «La crítica literaria feminista y la escritora en América Latina». *La sartén por el mango. Encuentro de escritoras latinoamericanas.* Eds. Patricia E. González y Eliana Ortega. Río Piedras, Puerto Rico: Ediciones Huracán, 1985. 27-46.

Chekhov, Anton P. *The Seagull and Other Plays.* Trans. Elisabeta Fen. London: Penguin Classics, 1954.

deMoor, Magda Castelliví. «El drama pronominal entre `yo/tú-vos-usted' en el discurso de *Del sol naciente* de Gambaro. *Reflexiones sobre el teatro latinoamericano del siglo XX.* Eds. Miguel A. Giela y Peter Roster. Buenos Aires: Galerna/Lemcke Verlag, 1989. 111-121.

«Agresión textual y narratividad en *Antígona furiosa* de Griselda Gambaro». *De la Colonia a la Postmodernidad: Teoría teatral y crítica sobre teatro latinoamericano.* Eds. Peter Roster y Mario Rojas. Buenos Aires: Galerna/IITCTL, 1992. 215-222.

Gambaro, Griselda. *Teatro 5: Efectos personales. Desafiar al destino. Morgan. Penas sin importancia.* Buenos Aires: Ediciones de la Flor, 1991.

«Estos animales extraños». *Los Periodistas,* 15 octubre 1990.

«Sobre la mujer y la literatura». *Revista Iberoamericana* 132-133 (Julio-Diciembre 1985). 471-473.

Genette, Gérard. *Palimpsestes: La littérature au second degré*. Paris: Seuil, 1982.

Giordano, Enrique. «*La malasangre* de Griselda Gambaro: un proceso de reconstrucción y recodificación». *Teatro argentino durante el proceso (1976-1983). Ensayos críticos. Entrevistas*. Eds. Juana A. Arancibia y Zulema Mirkin. Buenos Aires: Vinciguerra, 1992. 57-74.

Hutcheon, Linda. «Authorized Transgression: The Paradox of Parody». *Le signe à la porte: Vers une théorie de la parodie*. Eds. P.B. Gobin, J.J. Hamm, M.L. Kaitting, et al. New York: Peter Lang, 1984. 13-26.

A Poetics of Postmodernism: History, Theory, Fiction. New York and London: Routledge, 1988.

Kirk, Irina. *Anton Chekhov*. Boston: Twayne Publishers, 1981.

Moi, Toril. *Sexual/Textual Politics: Feminist Literary Theory*. London and New York: Methuen, 1985.

Nigro, Kirsten F. «El discurso femenino y el teatro de Griselda Gambaro». *En busca de una imagen: Ensayos críticos sobre Griselda Gambaro y José Triana*. Ed. Diana Taylor. Ottawa: Girol, 1989. 65-73.

«Textualidad, historia y subjetividad: Género y género». *Latin American Theatre Review* 26/2 (Spring 1993). 17-24.

Peace, Richard. *Chekhov: A Study of Four Major Plays*. New Haven and London: Yale UP, 1983.

EL DISCURSO LÍRICO DE LA POSMODERNIDAD EN DOS POETAS CHILENAS ACTUALES

Juan Villegas
University of California,
Irvine

Una de las características más evidentes de los discursos líricos producidos por mujeres en Chile es su diversidad, tanto en lo que se refiere a las tendencias poéticas como ideológicas. En *El discurso lírico de la mujer en Chile en el período 1975-1990* presento una visión general de autoras y tendencias.[1] En este libro, incluyo poetas que ya eran conocidas en los años 70, junto a otras que surgieron en el período autoritario. Considero tanto a las que escriben en el país como a aquéllas que, identificándose como poetas chilenas, han escrito predominantemente en el extranjero. Un rasgo común a la mayor parte de las poetas es la construcción de mundos imaginarios que, de una manera u otra, evidencian un espacio de insatisfacción o denuncia.

En este ensayo quiero comentar dos autoras que, junto con seguir la dimensión de la denuncia de la injusticia social, recurren a procedimientos asociados con la posmodernidad en la construcción de sus textos poéticos. En ambos casos, la construcción del texto lírico implica una dilatación del concepto del mismo y su lectura conlleva una ampliación de la competencia cultural del lector o lectora. En ambas, la lectura supone descifrar códigos de textos culturales que están tradicionalmente fuera del espacio de lo lírico. En ambas se anulan los límites tradicionales de la «poesía lírica». La hablante, por

---

[1] *El discurso lírico de la mujer en Chile: 1975-1990*. Santiago de Chile: Ediciones Mosquito, 1993.

otra parte, manifiesta conciencia expresa del proceso del hacer poético -discurso metapoético- y el texto lírico se constituye en un ejemplo de la autorreflexión sobre el discurso.

La confluencia de códigos en Carla Grandi [2]

Carla Grandi utiliza procedimientos en los cuales se combinan códigos de diversos medios de comunicación. Desde este punto de vista, el volumen más relevante es *Contraproyecto*.[3] En él Carla Grandi construye un discurso testimonial de gran complejidad, cuya clave se sustenta en el entretejido de códigos que el lector o lectora lee integrando medios de comunicación. En los poemas se recurre tanto a procedimientos lingüísticos como visuales para cifrar el mensaje. Por otra parte, la lectura supone competencia del lector o lectora con la cultura de occidente. Se manifiesta una concepción lúdica de la construcción del texto en la cual la autora maneja con inteligencia y cálculo extremado los recursos para configurarlo. La lectura del texto supone descifrar no sólo los códigos lingüísticos, sino también interpretar los códigos gráficos, tales como su posición en la página, su ubicación dentro de los gráficos incluidos, sus referencias visuales con otros sectores del poema o de las páginas complementarias. La construcción del sentido se sustenta en la capacidad del lector o lectora para establecer nexos entre los diversos constituyentes del poema o los espacios en que se prolonga.

En *Contraproyecto* hay un proceso de utilización intensa de la cultura de occidente, al parecer sin referencias concretas a la realidad chilena ni a las tendencias reivindicatorias de los discursos de la mujer. La lectura atenta, sin embargo, revela una clara conciencia de la mujer liberada o liberadora y la evidente denuncia del ejercicio del

---

2   Carla Grandi nació en 1947. Realizó estudios en la Universidad Católica de Valparaíso, titulándose de Profesora de Castellano y de Profesora de Filología Clásica. Obtuvo además la Licenciatura en Filosofía y Educación. Cursó el Master y el Doctorado en Literatura Española en la Universidad de Pittsburgh, Estados Unidos.
3   Santiago: Producciones Gráficas VAN, 1985, 1a. ed., 1987, 2a. edición.

poder y de las condiciones económicas y sociales producidas por el régimen militar en el país.

El volumen está formado por cuatro partes, cada una de las cuales parece ser considerada por la autora como un libro en sí: «Mutación de Signos», «Impresiones sobre un cuerpo reciente», «Transfiguración» y «Contraproyecto». Cada sección se diferencia de las otras por la distribución gráfica de los textos, el tono de la hablante, la clase de lenguaje, las imágenes, los recursos formales, el destinatario o destinataria de la hablante.

En «Mutación de Signos» el énfasis gráfico está en la utilización de textos en negrita, corriente o cursiva -ya sea dentro de los poemas o los poemas en su totalidad-, el uso de mayúsculas y minúsculas, la distribución no sistemática de los fragmentos dentro de las páginas y los espacios en blanco. «Impresiones sobre un cuerpo reciente» está formado por 28 poemas nominados con números romanos. Sigue la tradición gráfica de los libros de poemas: cada poema numerado en páginas separadas constituyendo una unidad en sí. La sección «Transfiguración» es posiblemente la más compleja desde el punto de vista formal y gráfico. Los poemas aparecen inscritos gráficamente en figuras geométricas. Las letras iniciales dibujadas sugieren provenir de manuscritos medievales iluminados. Las figuras geométricas tienen o parecen sugerir algún sentido cabalístico, que se insertan dentro de los libros clásicos de nigromancia o cabalística. Los poemas de «Transfiguración» están dedicados o dirigidos a la Virgen María, como indica el poema inicial del grupo, especialmente los primeros versos. Todos los poemas tienen un destinatario -la Madre Dolorosa. La última sección -»Contraproyecto»- presenta numerosas novedades y complicaciones. Todos los poemas de esta sección tienen títulos de citas textuales de textos medievales españoles, predominantemente de Berceo, Juan Ruiz y el Conde Lucanor. Los textos españoles parecen alejar los textos del tiempo presente y remitirlos a otra época, ya sea por el lenguaje empleado o por las resonancias de los textos. En varias ocasiones, son citas textuales. En otras, me parece, son apariencia de citas textuales: se usa el lenguaje arcaico, las comillas, la estructura sintáctica medieval; pero, en realidad, corresponden a textos escritos por la autora en imitación de estilo y lenguaje de los siglos XIII y XIV.

En los poemas se combinan varios niveles. El nivel gráfico, en el cual se utilizan fotografías o reproducciones de periódicos que apuntan a circunstancias inmediatas. Se encuentran al frente del poema en la página izquierda. El mismo nivel incluye la cita de textos clásicos -reales o ficticios. El nivel de la contextualidad histórica: tanto el texto de la autora como la posibilidad de referencia de la cita parecen referirse a las circunstancias actuales, especialmente nacionales, lo que a veces transforma la cita en una referencia irónica o sarcástica de la realidad del presente. La lectura supone un proceso de construir y desconstruir tanto el referente como el texto escrito: gran parte de los textos lingüísticos deben ser leídos en conjunto con la ilustración de la página izquierda, ya que se complementan o evidencian la ironía o el sarcasmo. El texto lingüístico funciona como elemento desconstructor de la noticia reproducida en el lado izquierdo. Es especialmente notorio, porque las reproducciones periodísticas tienen la anotación manuscrita de la fuente periodística y la fecha real o ficticia en que apareció.

En el texto que comienza con la cita: «Si al comienzo non muestras qui eres...» se evidencia el procedimiento descrito. En la página de la izquierda, con indicación manuscrita de «*La Tercera*, 20 de marzo de 1984» aparece una fotografía. En ésta, los carabineros tienen a individuos contra la pared en posición de prisioneros. En la página de la derecha, la cita del Arcipreste -como título o epígrafe-, luego el texto de la autora y, finalmente, abajo a la derecha otro texto de la autora, separado del texto anterior por líneas que lo aíslan e individualizan. De este modo, el lector tiene cuatro espacios por considerar casi simultáneamente: la fotografía, el epígrafe o título, el texto de la autora y el agregado en recuadro. La lectura complementaria de los cuatro espacios permite captar el mensaje o la desconstrucción mutua de los mensajes en cada uno de ellos. La fotografía revela un estado autoritario en el cual el ejército o los carabineros tienen autoridad para detener a seres anónimos, a los cuales no se les ve el rostro. La fotografía implica documento, realidad demostrada. El epígrafe remite a un pasado lejano -cita, comillas, lenguaje arcaico- que indica la necesidad de «identificarse» desde el principio. Esta afirmación se vincula con el anonimato de los personajes de la foto. Tal vez a ellos no se le permitió identificarse. Tal vez la fotografía refleja el acto forzado de identificación dentro de un sistema social autoritario. La ironía está en que el segundo verso de la cita -»Nunca podrás después cuando quisieres»- corresponda no a una cita textual del Arcipreste, sugiere que la «identificación» no es un acto voluntario, que se pueda hacer cuando el individuo quiera. A uno se le da la oportunidad y después son otros los que deciden si se vuelve a tener. El primer texto lingüístico o poético de la autora describe a un individuo que recorre la ciudad en busca de información:

>Lo mira.
>Caminando con la cámara en la mano
>vuelto el alma en pena
>de la ciudad reticulada,
>penetra en las dimensiones ambientales
>hasta escoger aquel punto de la periferia
>que le permite mirar a la muchedumbre
>sensoramasound
>
>Va migrando.
>
>Pero está.
>Aquí.
>En medio del tumulto de los boulevares,
>policromado
>como los avisos que contempla
>sentado
>de pie
>de espaldas al color prismático que lo invierte
>y multiplica.
>Está ahora lejos de ese punto amarillo
>que le devuelve la mirada.

El texto describe a un individuo que, peregrino en la ciudad, intenta representarla con su máquina fotográfica. Esta afirmación podría hacer pensar entonces que la fotografía antes comentada es el producto de esta migración por la ciudad: es el testimonio de lo captado por el fotógrafo, cuya peregrinación se describe con las palabras.

El apartado final se detiene en el personaje, lo inmoviliza y parece perderse o desaparecer entre las luces de la noche.

La utilización de la cultura dominante es un instrumento indispensable. Como comenté previamente, Carla Grandi utiliza textos medievales integrados dentro de sus propios poemas. La combinación de expresiones de los «clásicos» con el discurso de la hablante permite hacer afirmaciones implícitas con respecto a la función y significado de sus poemas. En «... Yo maestro de Goncalvo de Berceo nomnado

> escuchad el romance; sosegaos en paz,
> no diré una mentira en cuanto dentro yaz:
> todo es como en el mundo se acostumbra y se haz.
>
> Y porque mejor sea de todos escuchado,
> os hablaré por trovas y por cuento rimado:
> es un decir hermoso y es arte sin pecado,
> razón más placentera, hablar más delicado.

Semejante es el caso de lo que parece cita textual de *El Libro del Conde Lucanor*:

> «... Adelantado Mayor de la frontera et del reino de
> Murcia,
> fiz este libro, compuesto de las más apuestas
> palabras que yo
> pude
> et entre las palabras entremetí algunos exiemplos de
> que se
> podrían aprovechar los que los oyeran».
>
> ...YO DON JOHAN, FIJO DEL INFANTE DON
> MANUEL...

Ambos textos cumplen una función metapoética en cuanto explican la función del arte y el proceso mismo de la creación artística: hay una verdad que se quiere comunicar, pero ésta se evidencia de modo soterrado, implícito, en el modo de decirlo. El arte cumple una doble función: sirve de medio de comunicación a un público más amplio y hace más agradable la recepción de lo comunicado.

Cecilia Vicuña y la poesía visual [4]:

Precarios/Precarious (New York: Tanam Press, 1983) es un ejemplo de apoyo mutuo entre lenguaje leído y lenguaje visual. Hay conciencia de las condiciones históricas chilenas y varios poemas o artes visuales aluden a la dictadura, la tiranía o las torturas. La transgresión en *Precarios* emerge de la superación de la limitación de la palabra y su dilatación poética con la utilización de la visualidad y, en algunos casos, las explicaciones en prosa.

El poema «Vaso de leche», con subtítulo «Bogotá 1979», apunta a denunciar la pobreza en América Latina.

>   La vaca
>   es el continente
>   cuya leche
>   (sangre)
>   está siendo derramada
>
>   ¿qué estamos haciendo
>   con la vida?

---

[4] Nace en Santiago en 1948. **Reside en Nueva York.** Ha publicado *Sabor de mí* (1979), *Siete Poemas* (1979), «*Luxumei o El traspié de la Doctrina* (1983), *Precarios/Precarious* (1983), *Palabrarmaás* (1984), *Samara* (1986), *La Wik'uña* (1990).

El poema está precedido, en el texto, por cuatro páginas. Una primera serie de dos páginas, una frente a la otra. En una se incluye el título del poema. En la otra se inserta una fotografía. Las dos páginas siguientes son fotografías. En la primera unidad, la fotografía es la toma de tres objetos distribuidos en un plano oscuro, probablemente un suelo de asfalto. Los objetos son un vaso de leche a medio llenar, una hoja blanca con cuatro dibujos mantenida en el suelo por tres piedras y, en un ángulo, un borrador de pizarrón. En el papel los dibujos siguen la serie: arriba a la izquierda, un vaso con leche (manuscrito dice «vaso de leche»), a la derecha el mismo vaso con una lazada y una cuerda paralela al suelo; en el cuadro de la izquierda abajo, aparece el letrero «derramado» y el vaso caído con la leche corriendo. El cuadro de la derecha abajo tiene la leyenda «bajo el cielo azul». Esta fotografía pareciera ser -lo que se confirma en las páginas siguientes- el borrador, la idea gráfica del poema. Las dos páginas siguientes son fotografías de un vaso de leche siendo tirado por la cuerda, con la presencia de la mano que tira. La fotografía siguiente tiene como primer plano la leche derramada, que cubre gran parte de la fotografía, como un molusco blanco de patas largas, y al fondo el vaso caído en el cual aún queda un poco de leche.

En la quinta página el poema citado y al frente la traducción al inglés. El poema termina con dos páginas complementarias, una frente a la otra. En la primera, la fotografía de la izquierda, es el patio de la casa de Bolívar en Bogotá, en la cual se encuentra el busto del Libertador, con el agregado de una cuerda que lo cruza y que se asocia, naturalmente, con la cuerda que tiró el vaso de leche en las páginas anteriores. Al frente, un texto en prosa, parcialmente de carácter noticioso -con respecto a la sociedad y la exposición donde se presentó la obra- y parcialmente un diálogo poético:

> *Se calcula que 1920 niños mueren anualmente en Bogotá por consumir leche contaminada producida en el país...*
>
> *-Afiches anuncian el derramamiento de un vaso de leche bajo el cielo azul, frente a la quinta del Libertador Simón Bolívar.*

-*El día anunciado hay cielo azul, la leche es derramada, el poema escrito en el pavimento.*

El poema, por lo tanto, es un poema de denuncia: la injusticia social y la muerte de niños en América Latina por la irresponsabilidad de las clases dirigentes y la avaricia de los sectores burgueses o capitalistas: «Aunque los hermanos Castro Caycedo denuncian a los distribuidores responsables de la contaminación, el gobierno no toma ninguna medida contra el `crimen lechero'». A la vez, la fotografía, con la cuerda a punto de «derramar» la estatua de Bolívar, sugiere que la cuerda también puede destruir la libertad en América Latina. La modernidad del poema, sin embargo, está en su complejidad de recursos. Es un poema lingüístico y visual, político y social.

Otro aspecto es la conciencia del hacer poético: su poética implícita. Uno de los poemas de *Precarious* explica su concepto del proceso poético. El mecanismo es evidente en «Con-cón. Chile 1966», para el que utiliza cuatro páginas, dos con textos y dos con fotografías. En la primera página par (izquierda) el título en negrita **Con-cón** y un espacio más abajo el subtítulo «Chile 1966».

En la página de la derecha la fotografía en blanco y negro es de un artefacto construido, no es fotografía de un paisaje natural. Se trata de un paisaje de playa o duna, no en dirección del mar sino como si se viese con la espalda hacia el mar, visto un poco desde arriba. El observador/a ve un primer plano de arenas agrietadas con formas de olas o formas dejadas por las olas. El plano más distante son arbustos que forman una pared oscura y que cierran la visión. El centro de la fotografía consiste en dos círculos hechos en la arena, casi del mismo tamaño. El más próximo al espectador se forma por una espiral que se agranda hasta formar el círculo. El segundo círculo tiene la forma de una corona -funeraria o triunfal- hecha con material trenzado. Estos dos círculos, a la vez, están encerrados, en el primer plano, por pequeñas plantas de cactus un poco inclinadas hacia la derecha, como si el viento las hubiese azotado. Imagen que se refuerza con sus sombras proyectadas por el sol hacia el suelo. Lo que cierra el enrejado en la parte de atrás son varias tablas angostas de desecho o varas secas de las playas, las que también proyectan sus sombras en la duna. Entre los dos círculos hay un corte en la arena y una pluma enterrada a cada lado. El sol proyecta las plumas en la arena, con lo cual parecen duplicarse.

Estas dos páginas frente a frente pueden tener varias lecturas. El título, aislado, para un lector conocedor de la geografía de Chile, le recuerda la playa nacional y la fotografía parecería ser una duna del lugar. Por lo tanto, sería una simple ilustración. Una mirada más cuidadosa de la fotografía, sin embargo, evidencia que se trata de un objeto construido, de una redisposición de objetos encontrados en la playa y una construcción de un ser humano que quiso provocar un impacto visual y comunicar cierto mensaje, tanto con el «artefacto» como con la imagen o representación del mismo. La fotografía implica un ángulo que fuerza a ver el objeto desde una perspectiva y su reducción temporal. La fotografía ha cogido al artefacto en un momento del día -atardecer- en que el sol ilumina desde muy abajo para poder proyectar las largas sombras que evidencian los objetos. Si se entiende el artefacto como construcción de un sentido, ya sea estético o ideológico, surgen varias posibles lecturas, las que pueden ir desde un juego de figuras geométricas, circulares o verticales, hasta la idea de encierro o tumba.

En la segunda unidad, la página de la izquierda tiene el poema en español en la parte superior y su traducción en la inferior. En la página del frente, se incluye una fotografía que cubre la mitad superior de la página, sin márgenes. La fotografía no tiene leyenda.

El texto es el siguiente:

> La materia prima estaba ahí,
> esperando ser vista
> como una forma de oír
> un sonido interior
> que obliga a realizar
> esta o aquella unión
>   una pluma ladeada
>   un trofeo que vuela

La fotografía, nuevamente, evidencia que se trata de un objeto construido. Esta vez es una especie de cruz, tomada desde un ángulo muy bajo, casi desde el suelo, y un poco desde un lado. El objeto está en la playa con su espalda hacia el mar. Tanto las arenas como las olas y la espuma de la ola están ligeramente desenfocadas, lo que contrasta la claridad de la imagen con la borrosidad del trasfondo y del primer plano. La cruz pareciera ser de un tronco, cuyos brazos se prolongan con plumas de aves a modo de largas manos. En el eje de la cruz cuelgan hojas de algas un poco agitadas por el viento. Como en el caso anterior, la imagen general es de estaticidad.

El poema pareciera ser la explicación del origen de las construcciones artísticas. Los objetos estaban allí. Lo que el artista ha hecho ha sido sólo recomponerlos, redistribuirlos. Esta redistribución, sin embargo, no es sin sentido. Es una composición guiada por «un sonido interior» que conduce necesariamente en una dirección, «que obliga». A la vez, podría considerarse como un discurso metapoético, en el cual se explica el discurso poético. El concepto del poema o el arte es la existencia de un material poético que yace en la espera de ser recogido por el artista. Pareciera ser el concepto romántico del arte que expresó Gustavo Adolfo Bécquer en las rimas «Yo sé un himno gigante y extraño...» y «Del salón en el ángulo oscuro». No se trata ya de arrancar del fondo de la interioridad o emotividad del autor o autora el poema sino de la construcción del objeto con objetos externos a la subjetividad. La necesidad de componerlos, unirlos, en una determinada orientación para dar origen a un sentido del mundo surge de los objetos mismos. La caracterización del arte de Cecilia Vicuña cubre tanto lo discursivo como lo visual.

El discurso lírico de la mujer en Chile contemporáneo es un modelo de diversidad y búsqueda de formas poéticas. Las dos autoras comentadas parcialmente en este ensayo representan una de las muchas dimensiones sugerentes de ese discurso. El número de poetas, la frecuencia con que aparecen nuevos textos, la diversidad y complejidad de movimientos invitan a investigar y trabajar con mayor profundidad a poetas y textos. La imagen general es la de una poesía rica, original, dinámica y en constante búsqueda de formas de expresión.

REDEFINICIÓN E INSERCIÓN HISTÓRICA-POLÍTICA DE LA MUJER EN EL DISCURSO LÍRICO DE HEDDY NAVARRO [1]

Lola Proaño-Gómez
University of California, Irvine

somos tal vez
la punta de lanza del oxígeno
la anarquía imprescindible
(Perestroika)

El discurso lírico de Heddy Navarro, conflictivo con las construcciones sociales y culturales existentes, rompe el modelo del discurso lírico tradicional sobre el amor y la posición de la mujer en la historia.

Navarro construye una nueva identidad femenina. Para ello, establece por una parte, nuevas relaciones de género y, por otra, presenta a la mujer como efectiva colaboradora en la creación de nuevas redes de relaciones sociales y políticas. La mujer ahora, con una identidad propia, se convierte en un sujeto con participación activa en la vida política e histórica de Chile.

Tanto las relaciones exclusivas de género como las relaciones sociales y políticas, se describen y definen desde los espacios vitales propios de la mujer, tradicionalmente excluidos del ámbito literario.

En mi opinión, el discurso de Navarro es la expresión lírica de la lógica social de los grupos chilenos de mujeres feministas (MEN-

---

1 Con la excepción de *El discurso lírico de la mujer en Chile: 1975-1990* de Juan Villegas, a quien agradezco por haberme puesto en contacto con los textos de Navarro, no sé de ningún estudio sobre la poesía de Heddy Navarro (1945-). El desconocimiento de esta poeta chilena contemporánea es un ejemplo más de la omisión que la crítica hace de la producción cultural femenina.

CH), organizados para reclamar sus derechos privados y políticos. Las lógicas de los discursos de Navarro y del MENCH coinciden tanto cuando afirman la necesidad de una reconstrucción de una nueva identidad del sujeto femenino como un paso previo para su participación política, como en el señalamiento de las causas culturales de la situación de la mujer chilena. Natacha Molina plantea, tal como lo hace Navarro en su lírica, que:

> La potencialidad de ese cambio es que proviene de una negación al orden autoritario y patriarcal que no sólo deriva de la descomposición social presente, sino de la articulación (unidad o integración) de un mundo fragmentado desde siempre por la separación entre lo público y lo privado y, por lo tanto, entre mujeres y política. (39)

Para lograr lo anterior, el discurso lírico de Heddy Navarro hace uso de elementos específicos importantes: el uso subversivo del cuerpo, hasta entonces dominado y silenciado, desde el cual se habla con desenfado; la incorporación de nuevos espacios privados desde los que se emite y en los que se coloca el discurso lírico; el tono sarcástico y antagónico cuando se dirige al destinatario [2]; y la caricaturización de los roles tradicionales de la mujer. Sobre todo, me interesa enfatizar que la característica más importante de Navarro es su concepción de la poesía como la expresión de la experiencia histórica de la mujer y, muy especialmente, de la escritura como poder transformador y arma política de denuncia contra toda marginación u opresión.[3]

---

[2] En «El nuevo discurso lírico femenino chileno» Villegas afirma una nueva relación con el tú, en este discurso, «hay varias de las poetas chilenas actuales que rompen la tradición al crear un hablante en actitud antagónica hacia el destinatario de su discurso», característica que le cabe perfectamente a Navarro (Villegas 219).

[3] Navarro, en una entrevista no publicada con Juan Villegas, al hablar de su poética dice: «Para mí es una manifestación de mi propia contingencia. Es sacar afuera a partir de mi experiencia y después recrearla; es juzgar un poco con esos elementos y lograr una nueva realidad... Creo que la poesía debe ser mostrar el mundo exterior, pero bajo el prisma femenino directo, el ojo, la retina propia».

La hablante revela la ideología de una mujer intelectual marginada al espacio que le corresponde según la sociedad burguesa latinoamericana de corte liberal tradicional. Situada en el Chile dictatorial de los 80, y consciente de su particular situación como mujer, afirma la necesidad de la re-construcción de su identidad, como premisa indispensable para su participación efectiva en el plano político, para lograr la liberación no sólo de ella y sus congéneres, sino de todos los otros grupos marginados. No ha de extrañar pues que los movimientos que marcan la progresión de la poesía de Navarro, tanto en la reconstrucción del sujeto femenino, como en la inserción de esta nueva mujer en la lucha política de su país, sigan pasos semejantes. Al final de este doble proceso, con los antagonismos superados, se conseguirá una forma de existencia en la que los intereses de los individuos de los dos sexos serán realmente respetados en la comunidad.

Para confirmar las tesis propuestas, me propongo hacer un análisis textual e ideológico de *Palabras de mujer* (1984), *Oda al macho* (1987), y *Poemas insurrectos* (1988), textos fundamentales de la producción lírica de Heddy Navarro.

1 -Metáforas reveladoras: Realidad y Deseo

Navarro pone en evidencia la construcción de la diferencia sexual construida a partir de prácticas sociales institucionalizadas en la historia. Su discurso exige el reconocimiento del papel de la mujer en las relaciones de poder generadas en las definiciones tradicionales de género. En los poemas de *Palabras de mujer* (1984), evidencia el mecanismo del poder masculino, la construcción social de la diferencia sexual y el rol de la representación cultural en dicha construcción (Pollock 36).

En el discurso lírico de **Mujer, Esposo y Esposa**, la emisora crítica -mediante imágenes novedosas- denuncia los roles sociales asignados por el sistema cultural, no sólo al sujeto femenino sino también al masculino. Las imágenes con que se alude a la posición del sujeto femenino tradicional, lo representan como «sismógrafo»

-aparato sensible, receptivo, que actúa sólo por reacción a influjos exteriores- y «ser ovulante» -creadora de vida. La mujer es, además, «anónima como un enchufe» -sin identidad propia- y «buena conductora de la electricidad» -transmisora de la tradición.

En las *Crónicas* -cuyo nombre remite a la revelación del orden social injusto marginado por la historia- [4] la hablante lírica reconoce su realidad contradictoria:

> Mujer soy
> contradictoria
> instancia que aletea
> saca cuentas
> decide el almuerzo
> ....
> y pela papas
>
> Walt Whitman
> resbala por mi pecho (*Crónica (desde la piel)*).

El sujeto femenino se encuentra entre el papel asignado por el sistema cultural y su ansia de vuelo contrarrestada por las tareas concretas, de las que no puede escapar.

En esta realidad, la **Mujer** es manipulada para ser sometida: se hace «blanda» cuando está «sumergida en agua caliente». Atrapada en la situación, reconoce que, además de cumplir la función reproductora, ha aceptado el papel subordinado-dependiente que la construcción cultural de su género le ha asignado:

---

4 Según Eliana Ortega, la poesía femenina tiene por objeto dar a conocer la historia antes callada. En este sentido, la poesía de Navarro se vuelve crónica, y confirma que «la rebeldía de la mayoría de las poetas chilenas y su sarcasmo va dirigido no sólo al hombre sino que, más bien, a un orden social injusto» (578).

>   «lancé polluelos y huevos azules
>   como la gallina
>   que corretea asustada
>   detrás de la ruca del hombre» (*Ofrenda*) [5].

Y cuando la hablante lírica intenta trascender los límites impuestos por la representación cultural construida sobre las prácticas sociales que describe, no sólo encuentra la indiferencia sino el desprecio del juicio hegemónico masculino: el «vómito de mujer ajena» sólo «salpicó vuestras camisas», debido a lo cual,

>   «Con la enagua entre las piernas
>   corrí
>   a mis 25 siglos de relegación
>   en la cocina» (*Epílogo*).

En las *Crónicas*, desde la cocina, la azotea y la piel, la hablante entrega su experiencia diaria, relatada con imágenes de vuelo que sugieren nuevamente la necesidad de escapar. [6] Estas imágenes se constituyen en niveles más profundos, en indicios de expectativas contrarias a las asociadas tradicionalmente a la mujer, indicios del intento de dar al signo mujer un nuevo referente, mostrando potencialidades no reconocidas. La circularidad de la última *Crónica (desde la piel)* enfatizada por la palabra «repito» y la repeticion misma del verso «el

---

5   No estoy de acuerdo con Jaime Giordano cuando afirma que en esta poesía «el hablante asume como una mujer y su canto puede estimarse un acto de ira femenina, identificándose con una serie de roles y encarnaciones de la función sexual que se le adjudican» (328). Creo que mi lectura tiene la ventaja de ser coherente con los textos posteriores de Navarro.

6   El hallazgo repetido de construcciones metafóricas del concepto de volar ... se asocian casi siempre a la prisión doméstica ... en niveles más profundos pueden ser a veces, índices de fenómenos que contradicen directamente las características asociadas con lo femenino tradicional (Mora 7).

vapor se cuela entre mis rodillas», subraya la aparente imposibilidad de una real alternativa.

2 - La estrategia emancipadora: nuevos referentes para el cuerpo y el lenguaje

Las imágenes alusivas al sujeto femenino y masculino sugieren una inversión respecto de la tradición. Navarro revierte las imágenes de la lógica patriarcal. En *Tú* y *Nido* (1984) la mujer es activa, posee fuerza y pasión avasalladora: es «temporal que rechina» y «hembra latiendo apresuradamente»; metáforas innovadoras respecto de la representación de la mujer en la lírica, en la que el universo simbólico que le correspondía significaba pasividad, dependencia y sumisión.

El sujeto masculino en cambio ya no es «ni cielo», «ni techo», «ni nube», «ni sol», «ni teja», y ha perdido también la capacidad de respuesta; tampoco es «acantilado/ donde retumbe/ [su] eco». El cambio radical en la posición del sujeto masculino se confirma en *Continente*, *Tus manos*, *Carta* y *Discado directo* (1984). Aunque en estos poemas el tema es el de la espera tradicional por el hombre ausente, la hablante usa para describir al sujeto masculino, imágenes que históricamente han sido asignadas al sujeto femenino: se «tejen imágenes», se «hilan miradas» y se «hilvanan presagios».

Se ha producido un desplazamiento de la imagen tradicional/ pasiva femenina hacia lo masculino y se la ha dotado de fuerza y sexualidad. A la inversa, el hombre no es más fuente de energía ni acción.

Navarro propone un nuevo «régimen de representación» que, obedeciendo a una estructuración social diferente, proporcione nuevos códigos poéticos mediante la ruptura del nivel denotativo del lenguaje.[7]

---

7 Griselda Pollock en «Femenist Interventions in the Histories of Art: an Introduction», usa el término «regime of representation» para localizar, en la historia del arte, las relaciones de género como un factor determinante en la producción cultural y su significación.

Los símbolos han adquirido diferente significado porque el referente ahora es distinto; ahora tienen relación con una realidad que está más allá de las palabras y que dan verdadero sentido a su existencia como mujer.[8]

En los poemas de *Monólogo de la hembra tardía* (1987), se radicaliza esta nueva imagen y se afirma la posibilidad de la redefinición del ser femenino. Empieza por la toma de conciencia de que el sujeto masculino, para mantener su posición hegemónica, necesita el reconocimiento del ser femenino subordinado: «sabe que sólo sirve si es el medio de las cosas». Sin este reconocimiento, *A la hora de los postres*, hora final para la tradición patriarcal, ya no quedan sino un «rechinar de dientes» -miedo y muerte- de los «comensales barbados» y los «lacayos» que servilmente retiran «bandejas llenas de polilla». Es la decadencia de la hegemonía masculina.

La mujer es ahora hembra que se afirma plenamente. Cuando «bailan sus glúteos» y «penetra a solas aullando/ a la mar/ que enfría y calienta». Es el re-nacimiento de la hembra, con la sensualidad a flor de piel, que *Al mediodía alza los brazos*; ahora es ella, no él, el árbol del que «amorosas ramas/emergen». La mujer no es ya el objeto del deseo del otro, ya no se limita a proveedora del objeto erótico para el hombre, ahora es el sujeto erótico, su placer ya no está en ser deseada sino en desear.

Un desarrollo paralelamente radicalizante se observa en el tema de la experiencia amorosa femenina. En uno de los primeros poemas, *Casa (Palabras de mujer)*, la hablante lírica describe el amor desde los ojos y la sonrisa del amado, lo que parece remitir a una concepción funcional y subordinada del amor respecto del deseo masculino. Estamos frente a la constitución del sujeto sólo a través de la mirada masculina.

---

8   Kaplan, en «Is the gaze male?», habla de los signos que tradicionalmente han correspondido a la mujer, como contenidos del inconsciente masculino, construidos por la mirada masculina y que no corresponden a ningún signifi cado real (309-324). Podríamos añadir nosotros que Navarro trata de crear nuevas metáforas cuyo referente corresponde a una mujer que existe, piensa y siente en la sociedad contemporánea de Chile.

Posteriormente, en los poemas de *Oda al macho* (1987), el tono es más apasionado y sensual, con alusiones metafóricas, fuertemente sugerentes, a los cuerpos femenino y masculino y a sensaciones físicas. Las «Manos descorriendo velo de cebollas» junto a «un último alarido en la penumbra» funcionan como metonimia erótica de la primera experiencia sexual femenina. Navarro rompe la tradición simbólica del discurso lírico masculino, no sólo por la subversión de los códigos tradicionales, sino porque la hablante, tradicionalmente pasiva, es ahora la actante del verbo: «transmuto mi sexo», afirma al asumir un rol activo en la iniciación sexual.[9]

La mujer de *Oda al macho* desea a su amante:

> Mi boca vuela hasta tu cumbre
> mis retinas son islas
> bañadas por el hambre (II)

Con ritmo rápido Navarro enfatiza el tono apasionado del discurso que sitúa a la hablante no sólo como el sujeto emisor del discurso amoroso y del deseo, sino como el sujeto activo de la culminación de la experiencia sexual. Ella se ha convertido en la que «ataca hasta morir/inundada de peces», y es su «proa», la que después del «choque» estalla. Nótese al respecto, el reemplazo del verbo «penetrar» -transitivo, cuyo objeto directo es la mujer- por «sumergirse», pronominal intransitivo que carece de objeto.

Este nuevo sujeto femenino, «la hembra», no se define como el «otro» de lo masculino. Son los dos juntos los que causan el regocijo del cosmos. Ella «mueve sus tetas/al cultrún de las otras machis», y abrazada al tronco son «dos pedernales juntos», que chocan. La vida renace, «brotan chispas/otra vez», todo el cosmos se altera «se enca-

---

[9] Navarro invierte la situación del sujeto femenino en el universo cultural y lingüístico tradicional. En este último, «if we have to have sexual pleasure, it can only be constructed around her objectification, it cannot be a pleasure that comes from desire for the other (a subject position) -that is, her desire to be desired». (Kaplan 316)

brita el cielo», «se mecen las colinas» y «el mar se desborda».

La hembra ha recobrado, no sólo la independencia de su origen, sino la igualdad:

> bébeme la costilla
> en el charco que nos mira
> tan iguales
> los dos ya no cabemos
> en el huevo que nos ata (*Macho*).

3 -Integración de espacios: intimidad y política

La poesía de Navarro no se limita al espacio de la experiencia histórica de la situación de la mujer, sino que transporta su protesta al espacio histórico-político.

Navarro cree en el valor positivo del lenguaje, en la posibilidad de producir nuevos discursos que proporcionen nuevos significados que tengan la capacidad, no sólo de cambiar el orden simbólico, sino de transformar la realidad. Por ello, la [re]construcción del sujeto femenino, llevada a cabo en el marco de la resistencia, conduce a la redefinición del mismo. Es este nuevo sujeto femenino el que tiene la posibilidad de cambiar la realidad política-histórica, que subyace a toda su experiencia personal y que constituye la referencialidad de su discurso poético.

El nuevo sujeto femenino ocupa ahora distinta posición en la estructura social; definido como ser activo y pensante y con capacidad de decisión y expresión propia, integra ahora a su experiencia personal la experiencia política-histórica tanto chilena como mundial.

En la última colección de poemas incluida en *Poemas insurrectos*, *Perestroika*, aparece la realidad cotidiana de la hablante -los pañales de su hija Tania- junto con su protesta por la realidad política chilena de los 80, espacio que, al mismo tiempo, se incrusta en la política mundial (12).

La hablante lírica denuncia la situación del Chile del 80, el que describe como el *«Campo Santo» (Palabras de mujer)* cuyos habitantes están muertos.[10] Más adelante, la referencia al mundo histórico-político chileno es casi explícita en la forma y el contenido de *Poemas insurrectos*, cuyos títulos parodian las formas de comunicación de la época de la dictadura. Ellos son: «Informes», «Comunicados», «Proclamas», «Declaraciones» y «Plataformas» que terminan con un «Pleno poético». Las imágenes se mezclan sugiriendo simultánea o alternativamente la búsqueda de la libertad de la mujer que ahora, consciente de su posición, afirma la necesidad de luchar para cambiar su realidad y la de Chile durante la dictadura. Las armas son la mirada de la mujer que «dispara[ba] por los ojos» y «sus pechos sin corpiño» que empujan al que transita sin apuro. Las imágenes histórico-políticas de guerra, resistencia o inconformismo, se expresan feminizando las armas y el lenguaje. Ahora la guerrera es la mujer que, «Apunta[r]/ abr[e] la blusa al enemigo».

El pudor es uno de los motivos recurrentes en el discurso lírico de Navarro. Se denuncia su función como una de las «razones» masculinas para someter a la mujer y, en el espacio político, Navarro lo usa metafóricamente como contrario a la libertad. Mostrando aquellas partes de su cuerpo que tradicionalmente, debe esconder, desafía al antagonista/destinatario y le pide que mire «[sus] nalgas sin pudor» y que descubra «la redondez de [sus] sostenes».

En las *Plataformas* la hablante expone las bases de su lucha: «pan/agua/justicia y libertad» y «un compás de hombres libres/retrocediendo hacia el futuro», futuro que, en el Chile de los 80, parecía

---

10 En *Océano de San Miguel (Palabras de Mujer)*, Navarro describe la actividad febril ciudadana del día en Chile, mediante la alegoría del océano. Mediante la aliteración de la «r», el ritmo rápido y las metáforas, transmite la impresión de un movimiento enloquecedor. En contraste con ello, la última estrofa nos entrega la soledad, el temor y el silencio de la noche, propios del toque de queda. La sensación es sugerida por el cambio de ritmo y las imágenes de l entidud y melancolía de la «espuma silenciosa» del cemento. La sugerencia queda completa por la posible doble lectura del verso que describe lo único que entonces se escucha: las voces de las «sirenas» nocturnas.

haber quedado atrás por efecto de la dictadura.

En los *Informe*(s) la hablante denuncia la situación de las mujeres y las anima a la lucha. Afirma que es la mujer -sugerida por la imagen felina del gato- la que va a iniciar la batalla desde el medio del enemigo y con sus propias armas.

La lucha de esta mujer sacudida del «pudor» y con una nueva identidad, es ahora solidaria con la lucha politica-histórica de los otros grupos marginados. Así lo muestran los *Homenajes* hechos al «poeta sudafricano asesinado el 18 de octubre de 1985»; a Pedro Venegas, ciego que se suicidó en la huelga de hambre, el otoño de 1986; y a las P(resas) P(olíticas) de las cárceles chilenas que tienen las «rodillas de mirar asustado».

El tono se hace desafiante en los *Comunicados*:

> Acúsenme de ser
> terrorista mural de los cuerpos
> defecadora de dogmas
> ....
> Pero
> encuéntrenme si pueden
> ejércitos de seguridad
> ....
> a esta pacífica leona
> que acecha en la sabana
> (*Poemas insurrectos*).

En las *Proclamas* la hablante se declara «ingobernable», «ermita» y «abeja asesina». Ella no va a ceder hasta que el hombre se yerga, la mire de frente y ella consiga «explotar el circuito fálico» de los «lazos antiquísimos», romper el orden tiránico. En la última *Proclama* la mujer, armada con [sus] muslos exige: «la libertad a todo trapo», «la igualdad a calzón quitado»/la locura de [sus] óvulos», «la conquista de [sus] pasos soslayados». Críptica, pero sugerentemente, la hablante se refiere otra vez al Chile de los 80, en el cual la razón y el orden eran el mejor argumento para la opresión y la tortura: «Los fusiles suplen las palabras/las bocas no entienden razones» y «la razón esposa mi mano». Este cuestionamiento de la racionalidad abstracta universal masculina, capaz de justificar toda la violencia ejercida por el régimen patriarcal-militar, estaba ya en su primer libro, *Palabras de mujer*. En *Luego Existo*, la hablante da al discurso cartesiano del «cogito ergo sum» nuevos contenidos que redefinen el concepto de razón relacionándolo con experiencias femeninas particulares y concretas.[11]

Al final de la lucha por la reconstrucción del sujeto femenino y por una mejor sociedad en Chile, no habrán diferencias de género ni antagonismos de clase. En *Pleno poético, Informe de clausura*, que cierra el libro *Poemas insurrectos*, la hablante proclama que todos juntos, «Encontraremos tal vez la marca de la bota/borrada por una risotada de mar» y «Seremos los de siempre/sumados a los nunca». El uso de la primera persona del plural subraya la inclusión de la mujer en un hacer histórico común.

Creo posible hablar, en el caso de Navarro, de un discurso específico de la mujer porque éste tiene rasgos estructurales que rompen el modelo tradicional. Navarro exige el reconocimiento y rechazo de las relaciones de poder definidoras del rol de los sexos, de la construcción histórica-cultural de las diferencias sexuales y del rol interesado y dominador de tales construcciones. Su discurso refleja las relaciones de género de manera diferente. Ellas rompen los códigos canónicos del género, forman nuevas redes de relaciones sociales y políticas en las que el sujeto femenino define su ser a posteriori, como

---

11   «... one may wonder whether all writing that does not question its own hierarchical relation to the difference between the sexes is not once more, as always, both productive of and produced within the economy of proper me aning». (Irigaray 131). Navarro altera la jerarquía de valores del discurso masculino, relacionándolo a la construcción cultural de las diferencias sexuales. Reemplaza el intelecto del «pienso luego existo» por la percepción de su cuerpo y de su amado. Ella confirma su existencia no con el razonamiento abstracto sino con los contenidos sensuales corporales cotidianos.

resultado de la acción que le garantiza la participación activa en la vida social, política e histórica de Chile. La mujer no se define ya de acuerdo a una construcción dada a priori. Su definición es el resultado de un hacer histórico conducente a la realización de todas sus posibilidades en la existencia histórica concreta.

La mujer, redefinida e inserta en la Historia, tiene un imperativo que la compromete con un mundo diferente:

> Marginadas de la tierra
> tensemos las membranas
> descerrajemos las alas
> ya es tiempo
> el poder se oculta
> tras el miedo (*Perestroika* 25).

Navarro desconstruye la lógica patriarcal en dos frentes: el del discurso masculino liberal tradicional, y el de la dictadura chilena. La resistencia se plantea mediante el desplazamiento del significado del lenguaje que adquiere nuevos referentes mediante la producción de un orden simbólico con imágenes diferentes. El resultado es una «diferencia» no sólo lingüística sino política, histórica y cultural. Navarro ha construido, en su discurso, un mundo sensible a las realidades de género y clase[12]

---

12 Navarro parece haber llevado a cabo, en su lírica, el programa que Nancy Hartsock propone en su artículo «Foucault on Power: A Theory for Women?», cuando afirma que las experiencias de las minorías como base de la crítica a las instituciones dominantes de la sociedad, proveen las herramientas para empezar a construir un enfoque del mundo, sensible a las realidades de raza, género y clase (172).

Obras citadas

Giordano, Jaime. *Dioses, Antidioses.* Santiago de Chile: LAR, 1987.

Hartsock, Nancy. «Foucault on Power: A Theory for Women?». *Feminism and Post modernism.* New York: Routledge, 1990.

Irigaray, Lucy. *This Sex which is not One.* Trans. Catherine Porter with Carolyn Burke. Ithaca: Cornell University Press, 1985.

Kaplan, Ann E. «Is the Gaze Male?». *Powers of Desire. The Politics & Sexuality.* Ann Snitow, Christine Stansell & Sharon Thompson (ed.). New York: Monthly Review Press, 1983.

Molina, Natacha. *Lo femenino y lo democrático en el Chile de hoy.* Santiago: VECTOR, 1986.

Mora, Gabriela. «Crítica feminista: apuntes sobre definiciones y problemas». *Theory and Practice of Feminist Literary Criticism.* Ypsilanti; MI: Bilingual, 1982.

Navarro Harris, Heddy. *Palabras de mujer.* Tragaluz: Santiago, 1984.

Oda al macho. Santiago, 1984.

Poemas insurrectos. Ediciones Literatura Alternativa: Santiago, 1988.

Ortega, Eliana. «Tradición y ruptura en la poesía femenina actual». *Discurso literario: Revista de temas hispánicos.* Asunción, Paraguay: 1987 Spring, 4:2.

Pollock, Griselda. «Feminist Interventions in the Histories of Art: An Introduction». *Vision and Difference. Femininity, Feminism and Histories of Art.* New York: Routledge, 1988.

Villegas, Juan. «El nuevo discurso lírico femenino chileno». Ricardo Yamal ed. *La poesía chilena actual (1960-1984) y la crítica.* Concepción, Chile: LAR, 1988.

El discurso lírico de la mujer en Chile: 1975-1990. Santiago de Chile: Mosquito Editores, 1993.

INSTITUTO LITERARIO Y CULTURAL HISPANICO
Por la unión del mundo hispánico a través de sus letras y su cultura

8452 FURMAN AVENUE, WESTMINSTER, CA 92683   (714) 892-8285

EL INSTITUTO LITERARIO Y CULTURAL HISPANICO fue fundado el 15 de octubre de 1979 con el objeto de lograr un verdadero intercambio cultural entre todos los pueblos de habla española.

Para ello el Instituto publica la Revista Literaria *ALBA DE AMERICA* de alcance internacional, y organiza simposios y concursos nacionales e internacionales.

El propósito de *ALBA DE AMERICA* es dar a conocer los nuevos valores literarios así como los trabajos inéditos de los escritores ya reconocidos e intensificar el estudio y crítica de la literatura hispánica.

Para lograr estos objetivos el Instituto lo invita a asociarse a fin de apoyarlo en su obra que busca la unión del mundo hispánico a través de sus letras y su cultura. Los asociados se reúnen en congreso anualmente.

Los interesados deben enviar su cuota por adelantado.

INSTITUTO LITERARIO Y CULTURAL HISPANICO
SOLICITUD DE INSCRIPCION

Fecha _____

Nombre _____

Dirección _____

_____

Ciudad _____ País _____ Código postal _____

( )   Bibliotecas e Instituciones .... $45.00 dólares anuales
( )   Socio de número * .... $40.00 dólares anuales
( )   Socio protector .... $75.00 dólares anuales
( )   Socio patrocinador .... $1,000.00 dólares anuales

Países de Latinoamérica:

( )   Socio de Número .... $30.00 dólares anuales
( )   Socio protector .... $55.00 dólares anuales

* Para ser miembro de I.L.C.H. envíe curriculum vitae y cheque pagadero a I.L.C.H. Los socios tienen derecho a la revista y a participar en todos los eventos de I.L.CH.

Dirección: Dra. Juana A. Arancibia, *Presidenta-Fundadora de* I.L.CH.
              8452 Furman Avenue
              Westminster, California 92683

Bienvenidos a I.L.C.H.

INSTITUTO LITERARIO Y CULTURAL HISPANICO
Por la unión del mundo hispanico a través de sus letras y su cultura

8452 FURMAN AVENUE, WESTMINSTER, CA 92683   Tel. / Fax (714) 892-8285

ALBA DE AMERICA

AND OTHER PUBLICATIONS OF I.L.C.H.

- ALBA DE AMERICA, literary review,

    Vol.1 (ISSN 0888-3181), 1982, pp. 200. US $ 15.00

    Vol. 2 (ISSN 0888-3181), 1984, pp. 265. US $ 15.00

    Vol. 3 (ISSN 0888-3181), 1985, pp. 455. US $ 20.00

    Vol. 4 (ISSN 0888-3181), 1986, pp. 333. US $ 25.00

    Vol. 5 (ISSN 0888-3181), 1987, pp. 409. US $ 25.00

    Vol. 6 (ISSN 0888-3181), 1988, pp. 440. US $ 30.00

    Vol. 7 (ISSN 0888-3181), (ISBN 950-99435-107), 1989, pp. 453. US $ 40.00

    Vol. 8 (ISSN 0888-3181), (ISBN 950-99435-107), 1990, pp. 481. US$ 40.00

    Vol. 9 (ISSN 0888-3181), (ISBN 950-99435-107), 1991, pp. 498. US$ 40.00

    Vol. 10 (ISSN 0888-3181), (ISBN 950-99435-107), 1992, pp. 575. US$ 40.00

    Vol. 11 (ISSN 0888-3181), (ISBN 950-99435-107), 1993, pp. 619. US$ 40.00

- EVALUACION DE LA LITERATURA FEMENINA DE LATINOAMERICA, SIGLO XX, II Simposio Internacional de Literatura (Juana A. Arancibia, Editor). (ISSN 0888-3181), 1984, Vol. I pp. 338, Vol. II pp. 194. Vol. I, US$ 30.00; Vol. II, Out of print.

- MUJER Y SOCIEDAD EN AMERICA, IV Simposio Internacional de Literatura, Vol. I (Juana A. Arancibia, Editor), (ISSN 0888-3181), 1988, pp. 312. US$ 25.00

- EL DESCUBRIMIENTO Y LOS DESPLAZAMIENTOS: LA LITERATURA HISPANOAMERICANA COMO DIALOGO ENTRE CENTROS Y PERIFERIAS, V Simposio Internacional de Literatura, (Juana A. Arancibia, Editor), (ISSN 0888-3181), 1990, pp. 200. US$ 20.00

- MUJER Y SOCIEDAD EN AMERICA, VI Simposio Internacional de Literatura, Vol. II (Juana A. Arancibia, Editor), (ISSN 0888-3181), 1990, pp. 230. US$ 25.00

- ENCUENTRO DE LA LITERATURA CON LA CIENCIA Y EL ARTE, VI Simposio Internacional de Literatura, (Juana A. Arancibia, Editor), (ISBN 950-9874-39-6), 1990, pp. 485. US$ 30.00

- CRITICA LITERARIA DE LA LITERATURA DE LATINOAMERICA, SIGLO XX, III Simposio Internacional de Literatura, (Juana A. Arancibia, Editor), (ISSN 0888-3181), 1991, pp. 340. US$ 20.00

- LITERATURA FEMENINA CONTEMPORANEA DE ESPAÑA, VII Simposio Internacional de Literatura, (Juana A. Arancibia- Adriana Mandell-Yolanda Rosas, Editors), (ISSN 0888-3181), 1991, pp. 230. US$ 25.00

___ LITERATURA E IDENTIDAD LATINOAMERICANA, SIGLO XX, IV Simposio Internacional de Literatura, (Juana A. Arancibia, Editor), (ISSN 0888-3181) (ISBN 950-9874-39-6), 1992, pp. 279. US$ 20.00

___ TEATRO ARGENTINO DURANTE EL PROCESO (1976-1983), Ensayos Críticos-Entrevistas, (Juana A. Arancibia - Zulema Mirkin, Editors), (Vol. II, Colección Estudios Hispánicos del Instituto Literario y Cultural Hispánico), (ISSN 0888-3181), (ISBN 950-843-007-9), 1992, pp. 266. US$ 45.00

___ Zulema Mirkin, RAUL GONZALEZ TUÑON, CRONISTA, REBELDE Y MAGO (Vol. I, Colección Estudios Hispánicos del Instituto Literario y Cultural Hispánico), (Impreso en Argentina, ley 11723), 1991, pp. 210. US$ 20.00

___ Juana Alcira Arancibia, ALGO QUE ES TIERRA EN NUESTRA CARNE, Estudio de dos poetas del noroeste argentino: Carlos Duguech y Andrés Fidalgo, (ISBN 950-99435-2-5), 1989, pp. 52. US$ 7.00

___ Juana Alcira Arancibia, POESIA TELURICA DEL NOROESTE ARGENTINO, (ISBN 950-99435-2-5), 1989, pp. 206. US$ 30.00

___ LITERATURA COMO INTERTEXTUALIDAD, IX Simposio Internacional de Literatura, (Juana A. Arancibia, Editor), (ISSN 0888-3181) (ISBN 950-843-011-1), 1993, pp. 576. US$ 45.00.

___ Juana Alcira Arancibia, MARTINEZ ESTRADA: FRANCOTIRADOR, (ISBN 950-99461-8-4), 1993, pp. 82. US$ 18.00

___ Yolanda Rosas, RETRATO DE UN POETA: RUBEN VELA, (Vol. III, Colección Estudios Hispánicos del Instituto Literario y Cultural Hispánico), (ISBN 0888-3181), 1993, pp. 111. US$ 18.00

___ Juana Alcira Arancibia, PORQUE ES DE PIEDRA EL CORAZON DE TODO (Poemario), (ISBN 950-99435-6-8), 1994, pp. 59. US$ 12.00

___ LITERATURA DEL MUNDO HISPANICO, VIII Simposio Internacional de Literatura, (Juana A. Arancibia, Editor), (ISBN 9978-82-362-X) (ISSN 0888-3181), 1994, pp. 428. US$ 25.00

NOTE:
1) Indicate with (X) the book or books you wish.
2) We offer a 20% discount on the purchase of more than two books.
3) The members of I.L.H.C. have 25% discount for any quantity of books.
4) Please add US$ 3.00 for the first book and extra US$ 1.50 for every subsequent book.

NAME: _____   AMOUNT ENCLOSED

ADDRESS: _____ $_____

_____

_____